町山智浩のシネマトーク

怖い映画

町山智浩

スモール出版

町山智浩のシネマトーク

怖い映画

はじめに

街は恐怖に包まれています。

人々は見えない悪魔を恐れ、家を出ることもできません。隣に住む親切な主婦の中にも、それが潜んでいるかもしれません。いや、すでに自分の中に入っているかも。

テレビを観れば、毎日、死者の数が増え、防護服を着た人々が死体を運んでいます。大統領は緊急事態を叫んでいます。「これから何十万もの人が死ぬだろう」と。

自分が住むカリフォルニア州では自宅待機がもう3週間も続いています。こんな経験は生まれて初めてです。でも、妙に落ち着いている自分もいます。どうも初めてに思えないから。何度も観てきたから。映画で。

スティーヴン・キングの小説『ザ・スタンド』や『ミスト』で。ジョージ・A・ロメロの『ナイト・オブ・ザ・リビングデッド』（1968年）や『ザ・クレイジーズ／細菌兵器の恐怖』（1973年）で。トイレットペーパーを求めて店に群がる人々を見た時は、『ゾンビ』（1978年）でショッピングモールに群がるゾンビを思い出しました。

そんな怖い映画が僕は大好きで、子どもの頃から片っ端から観てきました。でも、実は僕は誰よりも怖がりなんです。この歳になっても映画館で座席から飛び上がったり、手で目を隠して指の間から観たりもします。それなのに、なぜ、怖い映画が大好きなのか？　人はなぜ、お金を払ってまで怖い映画を観るのか？

死、殺人鬼、亡霊……どれも本当に怖いからこそ、映画館という安全な場所でそれを疑似体験しようとするのかもしれません。薄めた病原菌を注射して免疫を作るように。

怖い映画にもいろいろあります。観ている間はジェットコースターに乗っているように悲鳴を上げても、映画が終わると綺麗さっぱり忘れてしまう映画もあれば、観ている時はそれほどでもないのに、観終わった後も怖い気持ちがなかなか消えない映画もあります。

そういう映画は、いったい何が怖いのか、わかりにくいことも多いです。

たとえばゾンビ。動く死体だから確かに不気味だし、人を食うから危険ではあるけど、動きは遅いし、知恵はないし、弱い。そんなゾンビのどこが怖いのか？

圧倒的な数で押し寄せ、包囲し、迫りくる、食べることと増えること以外に意思を持たない群れ。倒しても倒してもキリがない。あなたがどんなに頑張っても結局は数の力に負けて、いつかは彼らに呑み込まれてしまう……。

それって同調圧力？　いや、ウイルス？

こけおどしでない怖い映画は、人々の潜在的な恐怖心を突いています。だから、どんな感動的な映画よりも人間の心を深く鋭く描いているんです。それについて考えてみたのが、この本です。ご笑覧ください。

2020年4月　町山智浩

町山智浩のシネマトーク　**怖い映画**　**目次**

Night of the Living Dead

ゾンビを通して暴かれるアメリカのダークサイド

『ナイト・オブ・ザ・リビングデッド』

1968年／アメリカ
監督 ジョージ・A・ロメロ
出演 デュアン・ジョーンズ、ジュディス・オーディア、カール・ハードマン、マリリン・イーストマン、キース・ウェイン

恐怖のツボ

ゾンビ映画の元祖、ジョージ・A・ロメロ監督のゾンビ映画シリーズ第1作目『ナイト・オブ・ザ・リビングデッド』（1968年）についてお話しします。

ロメロ監督は、ピッツバーグという鉄鋼の街でこの映画を撮りました。制作費が11万4000ドルという超低予算映画だったにもかかわらず、アメリカ全土で大ヒットしました。ヨーロッパでは、批評的にも絶賛に次ぐ絶賛。フランスの『カイエ・デュ・シネマ』といった映画雑誌でも超絶賛を受けました。にもかかわらず、当時の日本では公開されませんでしたね。

『ナイト・オブ・ザ・リビングデッド』の何がそんなに素晴らしかったのか？

スティーヴン・キングは『死の舞踏：恐怖についての10章』（筑摩書房）という本で「ヒットするホラーは、その時代に人々が恐れているものをえぐり出している」と書いていますが、『ナイト・オブ・ザ・リビングデッド』はまさに1968年の人々の恐怖のツボを突いていたんですね。ここではそれを探っていきます。

ロメロはアート派である

ジョージ・A・ロメロは1940年にニューヨークのブロンクスで生まれました。キューバ系のお父さんとリトアニア系のお母さんの間で育った、非常に熱心なカトリックの家の子どもでした。彼は12歳の頃にテレビで1本の映画に出会って、その衝撃で映画監督を目指したといいます。

意外にもそれはホラー映画ではなく、『ホフマン物語』（1951年）というオペラ映画でした。イギリスのマイケル・パウエルとエメリック・プレスバーガーという監督コンビによる、芸術的な作品です。

『ホフマン物語』はE.T.A.ホフマンという作家の小説をいくつか組み合わせた話で、そのなかには、『コッペリア』があります。バレエでも有名ですね。人形師のコッペリウスがオリンピアという美しい人造人間みたいなものを作って、それに恋してしまう物語です。ホフマンは『くるみ割り人形』の原作者として有名ですね。メタリカの「Enter Sandman」（1991年）という歌がありますが、ホフマンは砂をまいて人を眠らせる『サンドマン（砂男）』という小説も書いています。つまり、ちょっとホラー的なんです。

僕がピッツバーグにあるロメロ監督の自宅にお邪魔した時、『ホフマン物語』というアート映画がきっかけで監督を目指したのに、なぜホラー映画を作り始めたんですか」と尋ねたら、「いや、私にとっては『ホフマン物語』はホラー映画だったんだ。怖かったんだよ」と言っていました。

『ホフマン物語』は美しいカラー映画なんですが、ロメロがテレビで観た時はモノクロだったそうです。それは怖かっただろうなと思います。

つまりロメロのホラー映画の原点はアートだったわけです。日本で初めて正式に公開されたロメロ作品は『ゾンビ』（1978年）ですが、僕は最初に『ゾンビ』を観た時、冒頭からいわゆるホラー映画と全然撮り方が違うので驚きました。最初は画面全体が真っ赤で、そこからカメラが横にパンすると、赤い壁に寄りかかったヒロインの顔がフレームインするんです。まだ中学生でしたけど、「カッコいい！　まるで『ウルトラセブン』みたい」と思いました。『ウルトラセブン』は実相寺昭雄監督などがヌーヴェル・ヴァーグの斬新でスタイリッシュなカメラワークを取り入れていたからです。

『ゾンビ』でいちばん印象に残ったのは、主人公たちが立て籠もっているショッピングモールの屋上で優雅にテニスをする場面です。屋上から落ちたボールをカメラが追うと、下はゾンビでいっぱい。まさに天国と地獄です。

天才的な場面だと思いましたが、その後、巨匠・溝口健二監督の『東京行進曲』（1929年）というサイレント映画を観て驚きました。山手の上流階級の男女がテニスをしていて、ボールが落ちると、その下には貧乏人の長屋がある、というシーンがあるんです。「うわ、『ゾンビ』の原点は溝口だったのか！」と背筋がゾクゾクしました。

ちなみに『エルム街の悪夢』（1984年）のウェス・クレーヴン監督の『鮮血の美学』（1972年）も溝口健二を模倣しています。ならず者たちに襲われた女性が自分から池に入っていくシーンの撮り方が、溝口健二の『山椒大夫』（1954年）でヒロインの安寿（香川京子）が自ら池に入って死んでいくシーンとまったく同じなんです。『鮮血の美学』のストーリーはイングマール・ベルイマンの『処女の泉』（1960年）を元にしていますから、ウェス・クレーヴンもロメロと同じく、アート映画が基礎にあるんですね。

ピッツバーグとベトナム

ロメロはピッツバーグの名門カーネギー・メロン大学に入って、それ以降、ピッツバーグで暮らしました。ハリウッドに行かず、基本的にピッツバーグで映画を作り続けました。

ピッツバーグというところは、ちょっと東欧の街みたいなんです。てっぺんに丸い金色のドームがついたロシア正教の教会があちこちに建っているからです。実際、ロシアとかチェコとかポーランドとかハンガリー系の人たちが多いんです。

『ディア・ハンター』（1978年）に描かれている通りです。あの映画はピッツバーグの周辺にあるアレンタウンという実在の街が舞台で、主人公はロシア系の青年たち。ロシア正教の教会で結婚式をして、コサックダンスを踊りますね。

彼らはベトナム戦争に行きます。当時、祖先の母国が共産圏になっていたアメリカ人は共産主義に対する反発が強く、ベトナム戦争を強く支持しました。反戦デモ隊に襲いかかったりもしたくらいです。

『ディア・ハンター』(1978年)

しかし、ベトナムは地獄でした。アメリカ兵は敵である北ベトナム正規軍だけでなく、南ベトナム市民に混じっているベトコン（南ベトナム解放戦線のゲリラ）とも戦わねばなりませんでした。非戦闘員とゲリラの見分け方は極めて難しく、しばしば、恐怖にかられた米軍による民間人虐殺事件が起こります。

さらに、ベトナム戦争は「テレビで中継された史上初の戦争」でした。アメリカ人はテレビで、戦場の生々しいニュースを毎日のように観ることになります。特に1968年1月の「テト攻勢」では、北ベトナム軍とベトコンが首都サイゴンをはじめ、南ベトナムの主要都市を一斉に攻撃しました。普段着の人々がゲリラとなってアメリカ軍を銃撃する、凄まじい市街戦がテレビで放送されたんです。

しかも、戦場は海の向こうだけではありませんでした。アメリカ各地で人種暴動が発生していたのです。

人種暴動と公民権運動

1865年に南北戦争が終わり、黒人奴隷が解放されましたが、黒人に対する差別はその後も続いていました。南部では人種隔離が続き、選挙権も奪われたままでした。南部の綿花農園の奴隷だった黒人たちは、仕事を求めて北部の工業地帯に移住しましたが、そこでも差別はあり、昇進はできないし、警察官も黒人に暴力を振るっていました。

マーティン・ルーサー・キング・ジュニア牧師は、ボイコットやデモ行進による非暴力的な運動で、1964年に人種隔離を撤廃させ、翌65年には選挙権獲得を達成しました。しかし、それだけでは南北戦争から100年で積もり積もった黒人の鬱憤を晴らすには不充分で、各地で暴動が起こり始めたんです。

1965年8月、ロサンジェルス、黒人が多く住むワッツ地区で、警察官による黒人への不当な逮捕に怒って住民が暴れ、警官は銃撃で応戦し、死者34人、負傷者1000人を超える惨事になりました。

１９６７年にはデトロイトで暴動が発生します。原因はやはり警官による黒人に対する不当な逮捕と暴力でした。この時も軍隊が出動して大量の死傷者が出ています。

ベトナム戦争と人種暴動の共通点は、普通の人々が突如、ゲリラや暴徒と化して襲いかかってくることですが、そうした殺伐とした世相の中で１９６８年に封切られたのが『ナイト・オブ・ザ・リビングデッド』なんです。

これはアメリカについての映画

『ナイト・オブ・ザ・リビングデッド』は墓地から始まります。その墓地には墓石のところにいくつか小さい星条旗が立てられています。それはたいてい、戦死者の墓なんです。その星条旗に「ジョージ・A・ロメロ監督」とクレジットが重ねられます。「これはアメリカについての映画です」という宣言ですよね。

同じホラー映画でも、たとえば『リング』（１９９８年）で日の丸の旗がアップになって、そこに「監督　中田秀夫」と出たらどうでしょう？　何やら非常に政治的になりますよね？　ロメロはそれをやっているんです。これは、オバケや幽霊の怪談ではなくて、アメリカの現実を描こうとしているんだ、という宣言のようにも見えます。

その墓地に20代の兄妹が、父の墓参りに訪れます。妹のバーバラ（ジュディス・オーディア）はひざまずくんですが、兄のジョニー（ラッセル・ストライナー）は冷笑します。「お兄さんは教会にも行かないわね」と言うバーバラに、ジョニーは「僕はもう教会に行く意味がよくわからないんだ」と答えます。

1950年代までアメリカ人は、日曜日には家族で教会に通うのが伝統でしたが、この兄弟のように大戦後のベビーブームで生まれた、いわゆるベビーブーマーは、キリスト教への信仰心を失っていきました。そして、60年代はカウンターカルチャーと呼ばれる、ベビーブーマーによる既成の価値観への反抗の時代になりました。

そこにゾンビが襲いかかってきて、兄ジョニーはすぐに殺されてしまいます。ゾンビは吸血鬼のように十字架や聖水では倒せない、神なき時代のモンスターです。

バーバラは、近くの農家に逃げ込みます。周りには何もない野中の一軒家です。そこでベン（デュアン・ジョーンズ）という黒人の青年と出会います。

これだけでもう当時は大センセーションだったんですよ。その頃、黒人が主演の映画はハリウッドでもほとんど作られていなかったし、この極限状態で若い白人の女性と若い黒人の男性が一軒家に閉じ込められるという状況は、非常にセクシャルで、人種的に問題のあることだったんですね。なにしろ南部では、１９６７年まで白人と黒人の結婚が許されていなかったんです。

ベンという黒人青年は、言葉遣いや英語の発音が綺麗なので、高い教育を受けていることがわかります。着ているカーディガンも、当時の大学生の服装です。ベンを演じていたデュアン・ジョーンズは、実際に名門ＮＹＵ（ニューヨーク大学）の大学院生でした。彼は明晰な頭脳で、冷静にゾンビと戦おうとします。

それに対して白人のバーバラの方はもう放心状態で、まるで役に立たない。ずっと「兄さんが……兄さんが……」とか言ってるだけで。彼女の目を覚ますために、ベンが彼女にビンタします。このシーンで当時の映画館は大騒ぎだったようですね。「黒人が白人の女性にビンタをするなんて許せない！」と。１９５５年にはエメット・ティルという黒人少年が、白人女性に口笛を吹いたというだけでリンチされて殺されているんですから。

徹底的に「見せる」ホラー表現

この一軒家で、ゾンビとの攻防戦になります。

その撮影は、『カリガリ博士』の項で話すドイツ表現主義的、またはフィルムノワール的に光と闇のコントラストを強調しています。つまり伝統的なホラーの撮り方ですね。画面を暗くして、はっきりとは見せず、観客の想像力を刺激する。

ところが途中でベンが電灯のスイッチをつけちゃうんですよ。で、殺されたゾンビの頭に穴が開いてる様子をバーンと見せちゃう。１９６８年というのは、ハリウッドのセックスや暴力描写の自主規制コードが撤廃された年なんです。それまではダメだった、残酷描写も可能になった。だから、もう暗闇でごまかす時代は終わりなんですね。ロメロは次の『ゾンビ』で、すべての残酷描写を白日の下でモロに見せてしまいます。そういう即物的なホラーの時代に入ったんですね。

実はこの家の地下室には、他にも隠れている人がいました。

まず、トムとジュディという若い男女。２人とも白人です。彼は黒人のベンに「みんなで力を合わせて頑張ろう」と言います。彼らは、いかにもロックンロールが好きそうな若者ですね。あまり人種的偏見がなく、公民権運動とかベトナム反戦運動で黒人と共闘した若者たちの１人に見えます。そして、指揮を執るベンは公民権運動のリーダー、マーティン・ルーサー・キング・ジュニア牧師と重なります。

ハリーという中年男も出てきます。彼は最初から黒人であるベンを敵視します。あからさまに人種差別的なことは言いませんが、明らかに態度が差別的です。

核兵器の恐怖

ベンとハリーの間に論争が起こります。ハリーは「地下室に籠もった方がいい。その方が安全だ」と言います。ところがベンの方は「地下室だと襲われた時に逃げ場がないから、1階にいた方がいい」と反論します。で、1階の窓やドアを全部板と釘で止めてゾンビが入らないようにします。

この場面は何を象徴しているか？ 「核兵器の恐怖」ですね。

1957年にソ連が、スプートニクという世界初の人工衛星の打ち上げに成功します。アメリカは、ソ連に宇宙から核攻撃をされるという恐怖に怯え始めました。それで1950年代には宇宙人が攻めてくる映画や、核兵器によって生まれた怪獣が出てくる映画が増えました。学校では核戦争が起こった時に机の下に隠れる練習をさせられたり、核戦争に備えて自宅の家の地下室に食料などを蓄える人も増えたんです。

ベンがテレビをつけると「謎の病気が流行っています。感染者に噛まれると人食いになります」というニュースが流れます。こういう臨時ニュースは、核戦争を描いた映画の中で必ず出てきますね。「核戦争が始まりました」というニュースを怯えながら見るシーンがある。そのニュースでは、死体がゾンビになって蘇る原因が「ロケット実験の失敗で放射性物質が撒き散らされたせい」と説明されます。当時、アメリカはソ連と宇宙開発で競争していましたが、実は同時に核ミサイルの開発競争でもあった。だから、この映画でのゾンビは核戦争の恐怖とつながっているんです。

サイレント・マジョリティ

ベンたちを襲うゾンビですが、スーツを着ているゾンビは少ない。これはピッツバーグという街が工場労働者と農民が多いブルーカラーの街だからです。それに、このゾンビたちは全員が白人で、中年以上が多い。つまり、この映画のゾンビは白人ブルーカラーなんですよ。

1968年は白人ブルーカラーの政治的大転換があった年です。

白人ブルーカラーはアメリカのマジョリティ（多数派）でした。そして彼らはずっと民主党の支持基盤でした。民主党は結成以来、南部の白人のための党だったんです。また、1930

年代から民主党のルーズベルト大統領が主導したニューディール政策では、富裕層から高い税金を取って、それを道路や橋建設などの公共事業で労働者に再分配することで貧富の格差是正を図ったので、労働者、特にピッツバーグに多い白人移民労働者から、民主党は圧倒的な支持を集めました。

しかし60年代後半、民主党に亀裂が広がっていきました。まず、ケネディ大統領がキング牧師の公民権運動を支持し、それを引き継いだジョンソン大統領が人種隔離を撤廃し、黒人に選挙権を与える法案を実現してしまいます。それに反発して、南部の白人の民主党離れが始まります。

また、ベトナム戦争を始めたのはケネディとジョンソンなので、民主党の主流派は戦争を続けようとしました。先述したように、白人ブルーカラーは反共なのでベトナム戦争支持です。しかし都市部の中産階級やインテリ、学生はベトナム戦争に反対し、『ナイト・オブ・ザ・リビングデッド』公開直前の1968年7月のシカゴ民主党大会で、ベトナム戦争を継続しようとする主流派と戦争に反対する左派が激突して、流血の事態になりました。

その時、白人ブルーカラーの支持を民主党から奪って大統領選挙に勝ったのが、共和党のリチャード・ニクソンだったのです。

ニクソンは、白人ブルーカラーの人たちを「サイレント・マジョリティ（声なき大衆、声なき多数派）」と呼びました。

つまり文化人やマスコミやデモの学生たちは「ベトナム戦争には反対だ」、「黒人に人権を与えよう」と主張するけれど、実際は彼らの数は多くなくて、はっきりと政治的な主張をしない白人のブルーカラーの方が人口は多い。それをニクソンはサイレント・マジョリティと呼んで「彼らは私を支持してくれる」と言った。で、選挙の結果はまさにその通りだったわけです。

つまりそのカウンター・カルチャーと言われた1960年代の社会革命は、実は都市部のインテリと学生たちだけのもので、アメリカの田舎に住んでいる白人ブルーカラーたちは頑迷でアメリカの変革を受け入れなかった。彼らが1968年の選挙で勝って、そこで変革はストップし、揺り返しが始まります。

『ナイト・オブ・ザ・リビングデッド』のゾンビたちは、まさにサイレントマジョリティそのものに見えるんですね。とにかく数が多い。しかもみんな黙っていますから、まさにサイレント・マジョリティですよ。しかも、そのゾンビと戦うのは黒人と白人の若者なんですね。

時代に取り残された「地球最後の男」

ロメロは「『ナイト・オブ・ザ・リビングデッド』のアイデアを思いついたのは、リチャード・マシスンが1950年代に書いた『I Am Legend』という小説を読んだからだ」とはっきり言っています。『地球最後の男』（早川書房）というタイトルで翻訳も出ています。ウイルスのせいで地球人類が吸血鬼になってしまった世界で、たった1人で孤独に戦う男の話です。

吸血鬼は昼間は眠っていますから、主人公は毎日、彼らを殺して回ります。そうしているうちに主人公は気づきます。吸血鬼たちが彼らの社会と秩序を築き、新しい人類になっていることに。そして、吸血鬼を殺し続ける自分は彼らにとって「伝説の怪物」なんだと。2007年にウィル・スミス主演で映画化された『アイ・アム・レジェンド』は当初「主人公が、自分がしていたことが社会の変革に取り残された旧人類のあがきだったと知る」という原作通りの結末でしたが、撮り直されて、旧人類に希望を残す結末に変わりました。

『I Am Legend』の著者リチャード・マシスンは第二次世界大戦に参加した「サイレント・ジェネレーション」と呼ばれる世代で、戦後の社会の変化についていけない男の無力感を体が縮んでいく男にたとえた『縮みゆく男』（扶桑社）という小説も

『アイ・アム・レジェンド』（2007年）

書いています。

『地球最後の男』はまず1964年にヴィンセント・プライス主演で映画化されました。ヴィンセント・プライスは風格がある俳優で、貴族や大富豪の役を演じることが多い人です。一方で吸血鬼たちは、黒いタートルネックを着ていて、これはおそらく『カリガリ博士』の眠り男の影響だと思うんですが、『地球最後の男』が作られた1964年には黒のタートルネックには別の意味がありました。ビートニクスと言われる左翼的な学生たちのファッションだったんです。だから『地球最後の男』の吸血鬼たちは若くて、主人公のヴィンセント・プライスは中年紳士なんですね。つまり、ベビーブーマー（団塊の世代）と旧世代のエスタブリッシュメント（既得権者）との戦いに見えるんです。

『地球最後の男』は1971年にもチャールトン・ヘストン主演で『地球最後の男オメガマン』というタイトルで映画化されています。その場合、チャールトン・ヘストンが白人の軍人で、襲ってくる吸血鬼たちはほとんど黒人なんです。これは当時、「ブラック・パワー」と呼ばれていた黒人たちの過激な政治運

『地球最後の男
オメガマン』（1971年）

動に対する、白人の恐怖感が露骨に反映されています。

そんな『地球最後の男』にヒントを得てロメロが作ったのが『ナイト・オブ・ザ・リビングデッド』ですから、当然、当時の社会を映したホラーになるわけです。

若者革命の失敗

ただ、『地球最後の男』と『ナイト・オブ・ザ・リビングデッド』が違うのは、主人公側が若い黒人と白人、つまり新世代で、それを取り囲む大量のゾンビたちが白人ブルーカラー、つまり守旧派だという点です。

そして、ベンと白人の若者トムはトラックでなんとか脱出しようとするんですが……これが大失敗してしまうんですね。

この展開の意味をロメロに直接聞いたら、「カウンター・カルチャーは実際に敗北したからね」と言うんです。差別反対、戦争反対という彼らの主張はブルーカラーには届かず、結局、ニクソンが大統領選に勝ってしまいましたからね。

ゾンビ村の虐殺

トラックが爆発して焼け死んだトムとジュディの死体にゾンビが群がって人肉を食べます。腸を奪い合ったり、肝臓にかじりついたりしています。まあ、牛や豚の臓物だとは思いますが、アメリカ映画はそれまで、そんなシーンを見せたことはなかった。

『ナイト・オブ・ザ・リビングデッド』で、当時、問題になったシーンの一つですね。

ゾンビに「人食い」という習性を持たせたのはロメロの発明ですね。「噛まれるとゾンビになる」というのは吸血鬼からですね。そこにアラビアの伝説にあるグール（食人鬼）を組み合わせたんでしょう。この食人によって、ゾンビが人を襲う目的と、それが感染するという恐怖をサスペンスの道具にすることができたんです。

人食いといえば、この映画が公開される前年にフランスで、ジャン＝リュック・ゴダールが『ウイークエンド』（1967年）という映画を公開しています。この映画では、現代のフランスの都会に住むブルジョワ（中産階級）の夫婦が週末にリゾート地を目指して自動車でドライブするんですが、ものすごい渋滞に巻き

『ウイークエンド』（1967年）

込まれて四苦八苦しているうちに、人々が暴徒化していきます。最後はブルジョワ打倒を目指すビートニクスの若者たちの革命に巻き込まれて夫が殺され、妻はゲリラたちと一緒に夫の肉を食らいます。

ゴダールはこの映画で、当時、ベトナムやアフリカや中南米で起こっていた戦争や内戦を他人事だと思っていたフランス人に、その内戦を体験させようとしたんですね。もちろん、ロメロも『ナイト・オブ・ザ・リビングデッド』で、海の向こうのベトナム戦争を、兵士の故郷であるピッツバーグに持ち込んだわけです。

この映画のゾンビたちは、普通の農民や主婦や労働者なわけですが、それを片っ端から撃ち殺していきます。ゾンビが青白い顔をしていることを除けば、その光景は民間人無差別殺戮です。

1968年3月、ベトナムで「ソンミ村の大虐殺」が起こっています。アメリカ軍がまったく武装していないベトナムの農村を襲って、無抵抗の504人（うち女性183人、子ども173人）を皆殺しにしました。その現場を米軍の別の部隊が目撃して、証拠写真などもあったので、1969年12月に報道されて公になりました。ただ、すでにベトナムの悲惨な有様はテレビで報道されていましたから、ロメロはそれを元に『ナイト・オブ・ザ・リビングデッド』を作ったら、ソンミ村虐殺をアメリカで再現した形になったわけです。

サーチ・アンド・デストロイ

ベンがテレビを観ると、保安官が猟友会のハンターたちを集めてゾンビ狩りをするというニュースが放送されています。ピッツバーグのあるペンシルヴェニア州は、『ディア・ハンター』で描かれていた通り、ハンターが多い土地です。広大な丘陵地で、森が深くて、鹿がいっぱいいるんですよ。『ナイト・オブ・ザ・リビングデッド』の中でも、鹿の剥製を見てバーバラがびっくりするシーンがあって、あれはハンター登場の伏線ですね。

そして、ゾンビ・ハンターたちを引き連れた保安官が「サーチ・アンド・デストロイだ!」って言うんです。

「サーチ・アンド・デストロイ」はザ・ストゥージズに同じタイトルの歌がありますが、訳すと「索敵殲滅（さくてきせんめつ）」ですね。映画『プラトーン』（1986年）の前半でやっていたことです。ベトナムのジャングルの中をアメリカ軍の小隊が行軍しながら、潜伏している敵を探して、潰して行くという軍事行動です。つ

『プラトーン』(1986年)

まり、このゾンビハンターたちはまさにアメリカをベトナムの戦場にしようとしているのです。後で、ハンターが移動するのをヘリコプターから撮った映像も出てきますが、それも水田地帯を進む歩兵と、その上空を飛ぶヘリコプターというベトナム戦争のニュースでおなじみの映像を想起させます。

このゾンビハンターのような一種の自警団を英語で「ポッシ（Posse）」と呼びます。アメリカの西部開拓時代、西部の街にはまだ警察がありませんでしたから、凶悪な強盗団や牛泥棒が現れると、街の住民が投票で選んだ保安官をリーダーにした、一般の住民による自警団が犯罪者を追いました。

これは非常に危険なものでした。なぜなら、リンチに発展するからです。「うちの娘がレイプされた！」「あの流れ者が犯人だ！」と決めつけて、裁判にもかけずに自警団が縛り首にしてしまう事件が頻発したんです。

1919年の赤い夏

最悪の例は「レッドサマー」です。1919年の夏をピークに、アメリカ各地で1年間に50件近く、白人の暴徒による黒人襲撃事件が起こって、合計で200人以上が殺されたので、この年をレッドサマー（血のように赤い夏）と呼びます。

原因は黒人大移動です。19世紀までアメリカの黒人の9割は南部に住んでいましたが、1910年代に北部で工業化が進むと、工場労働者として黒人が南部から北部に移り住んでいきました。そこには、東欧やアイルランドから移民してきた白人労働者がいたわけで、自分たちの仕事を奪う黒人たちへの偏見と敵意が育ち、1919年に爆発したのです。

たとえばネブラスカ州オマハは食肉加工の街ですが、黒人労働者が増えることでアイルランド系労働者との間で軋轢が生じていました。9月28日、19歳の白人少女が黒人にレイプされたと訴え、ウィリー・ブラウンという黒人男性が逮捕されました。これは冤罪だったと言われています。しかし1万人を超える白人暴徒が押し寄せ、拘置所からウィリー・ブラウンを引きずり出し、街灯のポールで縛り首にして殺しました。

『ナイト・オブ・ザ・リビングデッド』でも、人間とゾンビの戦いよりも、黒人ベンと白人ハリーの対立の方がエスカレートしていきます。2人は一梃しかないライフルを奪い合って、ついにベンが怒りのあまりハリーを射殺してしまいます。

当時、公民権運動において、キング牧師は徹底して非暴力と無抵抗を貫いていました。白人側のあまりの暴力に耐えかねた黒人解放運動家の、マルコムXなどは「もう我慢できない。必要とあれば武力闘争もすべきだ」と主張したんですが、それでもキング牧師は「やり返したら同じになってしまうから、絶対にダメだ」と必死で抑えてきました。

しかし、そのキング牧師も1968年4月に何者かによって射殺されてしまいます。

ロメロが、完成した『ナイト・オブ・ザ・リビングデッド』のフィルムを持ってニューヨークの配給会社に売り込みに行こうと車に乗った時に、カーラジオからキング牧師暗殺のニュースが流れてきたそうです。その時にロメロは「とうとうやりやがった」と思ったそうです。

その日、ついに黒人たちが怒りを爆発させて、アメリカ各地で暴動を起こしました。ピッツバーグでもその夜から暴動が起こって死傷者が出ました。まさにこの映画のベンと同じですね。

ロメロは『ナイト・オブ・ザ・リビングデッド』で、鏡のように当時の時代を映そうとしました。それがあまりにも的確だったので、その後に起こることまで予言してしまったのかもしれません。

反撥

ベンに撃たれた中年男ハリーは地下室に落ちていきます。そこには、ゾンビに噛まれて昏睡状態だった11歳の娘カレンがいたんですが、すでにゾンビ化していて、実の父であるハリーを喰ってしまいます。

ゾンビ化したカレンは、顔を白く塗って目の周りを黒くメイクして、金髪で片目を隠してワンピースを着てるんですが、これはもう明らかにその前にロマン・ポランスキー監督がイギリスで撮った映画『反撥』（1965年）のカトリーヌ・ドヌーヴをそっくり真似しています。あまりにも同じです。メイクや衣装だけでなく、はっきり言って撮り方まで同じですね。

他にも、『ナイト・オブ・ザ・リビングデッド』には、窓を突き破って何本ものゾンビの腕が主人公をつかもうとするシーンが何度も出てきますが、それも『反撥』で、廊下の壁を突き破って何本もの腕が突き出してヒロインをつかもうとするシーンに影響されたのでしょう。ロメロは『死霊のえじき』（1986年）の冒頭でも同じことをやっています。

さらにカレンは自分の母親を左官用のコテで刺し殺します。何度も何度も刺して殺すんですけど、これも論争を呼んだシーンですね。小学生くらいの子どもが親を殺すんですから。

ポランスキーの『反撥』は、女性のセックスに対する反発を描いていますが、『ナイト・オブ・ザ・リビングデッド』のカレンが象徴するのは世代間の断絶です。

当時、日本では「断絶」という言葉が流行していたんですよ。

1972年に出た井上陽水のファーストアルバムのタイトルも『断絶』でした。つまり親の価値観とベビーブーマー世代の価値観の間にあまりに亀裂ができてしまって、互いにまったく理解できない状況だったんです。なにしろ親たちは髪の毛を綺麗に刈り上げて日曜日は教会に行ってたのに、子どもたちは髪の毛を伸ばして、ヨガをやって、ドラッグをやって、フリーセックスするんですから。アメリカではベビーブーマーの間で「Don't trust anyone over 30（30歳以上のやつらを信用するな）」という言葉が流行していました。

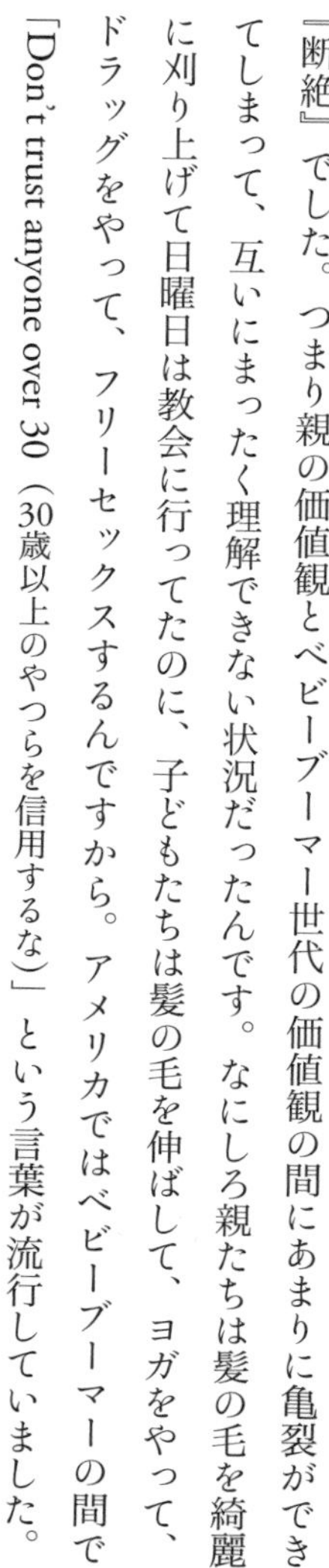

『反撥』（1965年）

このカレンちゃんはその後、『エクソシスト』（1973年）で十字架でオナニーし、「お前のお袋は地獄でフェラチオしてるぜ」と叫ぶ悪魔憑き少女レーガンの登場を予言していたのかもしれません。

とうとう、家の中にゾンビたちが入ってきます。で、ずっと「兄さんは帰ってくる」と言っていたバーバラに、ゾンビとなった兄ジョニーが襲いかかります。これは『猿の手』というW・W・ジェイコブズの有名な短編小説が元ネタですね。『猿の手』は、子どもを事故で亡くした両親が「死んだ息子を帰してください」ってお願いすると、真夜中にドアを叩く者がいる。どう考えてもドアの向こうにいるのは墓場から蘇ってきた死体だ、という話です。バーバラが「兄さん、帰ってくるわ」って言っていたらゾンビとして帰ってきました、という。

「頭を撃て！」

翌朝、ベンだけが生き残っています。そこにあのサーチ・アンド・デストロイをしているゾンビ狩りチームが近づいてきます。彼らを先導する制服警官が警察犬としてシェパードを連れています。これも当時の観客には見慣れたイメージでした。『グローリー／明日への行進』（２０１４年）にも出てきますが、キング牧師たちの公民権運動デモに対して、アラバマの警察は警察犬のシェパードをけしかけたんです。それは当時、テレビのニュースで全世界に放送された映像です。

そのゾンビ・ハンターたちを指揮している保安官は、葉巻を帽子に挿して、いかにも傲慢そうな白人なんですが、彼もキング牧師の公民権デモの弾圧を指揮したアラバマ州の公安委員長ブル・コナーをモデルにしています。あんな帽子をかぶって現場にいる写真が残っています。

こんな風にロメロは、当時のアメリカ人にとってのトラウマ的な、嫌なイメージ、嫌なビジュアルを『ナイト・オブ・ザ・リビングデッド』に集めていったんですね。

ハンターたちは1人生き残ったベンを農家の二階の窓に見つけます。すると人間かゾンビか確かめもせずに殺そうとします。ベトナムでアメリカ兵が、民間人かゲリラか確かめもせずに殺したように。

保安官は「頭を撃て！　目と目の間だ」と言います。「ゾンビは頭を撃たない限り倒せない」というルールを発明したのもロメロです。それはゾンビものに、ゲーム性を持ち込むことになりました。ゾンビは動きが遅いけれど、倒すには正確な射撃の腕が必要だし、素手ではなかなかゾンビを止められないわけで、よりスリリングになったわけです。

ロメロが「頭を撃つ」と考えたのも、その時代に頭を撃つイメージが蔓延していたからでしょう。

1963年11月にケネディ大統領がテキサス州ダラスのパレード中に暗殺されました。頭を撃たれて、自動車のトランクに飛び散った脳漿（のうしょう）をジャクリーン夫人が必死で集めようとする姿はフィルムに撮影され、全世界のテレビで放送されました。

1968年1月のテト攻勢の後も、攻撃に参加したベトコンを逮捕した南ベトナム政府の警察官が、手錠をかけた捕虜のこめかみに38口径の回転式拳銃を突きつけて射殺する瞬間の映像が、またしても全世界に放送されました。NBCテレビがそれを撮影していたんですね。

ハンターは保安官に言われた通り、ベンの眉間を撃ち抜きます。保安官が満足そうに「ナイスショット（Good shot）」と言って映画は終わります。実にゲーム感覚でね。

この映画が公開されたのは、キング牧師が射殺された後ですから、観客はそのことを連想せずにはいられなかったでしょう。

でも『ナイト・オブ・ザ・リビングデッド』の最も恐ろしいシーンは、その後のエンド・クレジットなんですね。

リンチ連続写真

エンド・クレジットをバックに、ベンの死体の処理が、動画ではなく、現場写真の連続で描かれます。しかも、それは新聞か何かに印刷されたような質感です。

自警団の白人たちはミートフック（肉鉤）を取り出します。食肉処理場で巨大な肉の塊を引きずるために使う手鉤です。それをベンの死体に刺して、家の外に引きずり出します。つまり、牛や豚扱いです。

そして、彼らはベンの死体を他のゾンビと一緒に積み上げて、ガソリンをかけて火をつけます。この場面以外にも、この映画にはやたらとゾンビや人間を丸焼きにする場面があるんですが、これも当時、人々の脳裏に刻み込まれていたイメージです。1963年に南ベトナムの軍事政権への抗議として、仏教の僧侶が路上で蓮華座を組んでガソリンをかぶって焼身自殺したんです。それも全世界に報道されました。スウェーデンのイングマール・ベルイマン監督の『仮面ペルソナ』（1966年）にも引用されています。

1919年のレッドサマーで、レイプ容疑者のウィリー・ブラウンをリンチしたネブラスカの群衆も、その死体を焼いたんです。しかも、最後は、黒焦げになった彼の死体を囲んで紳士淑女が笑顔で記念写真を撮りました。彼らの顔には罪悪感のかけらもありません。

レッドサマーの3年前、1916年にはテキサス州ウェイコで、やはりレイプの容疑をかけられた少年が群衆にリンチされ、車で引きずり回され、焼かれました。その過程は細かく写真に撮られ、なんと絵はがきとして売られました。また、黒焦げになった死体は切り刻まれて、リンチ参加者が記念に持ち帰りました。『ナイト・オブ・ザ・リビングデッド』で、焼死体に群がって貪り食うゾンビのように。

ロメロがエンド・クレジットを連続写真にしたのは、こうしたリンチ写真のパロディなのです。

悪夢のコレクション

このようにアメリカ人をぞっとさせる現実やイメージをわずか90分に圧縮した、悪夢のコレクションが『ナイト・オブ・ザ・リビングデッド』だったんです。当時のハリウッドが絶対に見せようとしないアメリカの暗黒面を映した鏡だったんです。だから、鏡を突きつけられたアメリカ人は本当に嫌な気持ちになったんですね。

『ナイト・オブ・ザ・リビングデッド』はその後、ニューヨーク近代美術館（ＭｏＭＡ）に保存されました。その理由は、この映画を観ると１９６８年のアメリカがどういう状況だったかがダイジェストでわかるからです。

ロメロはこの後も、ゾンビ映画を通して、それぞれの時代を映していきました。

１９７８年にはゾンビ映画第２弾『ゾンビ』を撮ります。この作品ではショッピングモールでの籠城戦が描かれます。ショッピングモールは1970年代に全米の郊外に増え、週末になると人々はなんの用もないのにモールに集まるようになりました。いわゆる大量消費時代を象徴するのがショッピングモールだったんです。ここでのゾンビは死んでもモールに群がります。彼らは、いくら物を買っても決して満たされることのない消費中毒の現代人を意味しています。

次に作られた3作目『死霊のえじき』（1985年）は、軍隊の地下基地が舞台で、小さな軍事独裁国家のようになっています。当時のアメリカはレーガン大統領がソ連と敵対して軍備増強を行っており、核戦争の危険性が高まっていました。

2000年代に入り、ロメロはハリウッドで4作目『ランド・オブ・ザ・デッド』（2005年）を撮ります。大金持ちたちが高層ビルで優雅に暮らす、その足元では、ゾンビたちが蠢いています。これは貧富の格差が拡大するアメリカを象徴しています。主人公たちが装甲車でそのゾンビの群れの中を移動するシーンは、その当時ブッシュ大統領が起こしたイラク戦争でバグダッドを走り回るアメリカ軍の装甲車そのままでした。

2007年の『ダイアリー・オブ・ザ・デッド』はSNS時代を描いていたし、ロメロは

２０１７年に亡くなるまで、ゾンビ映画によるアメリカ批評を続けました。もし存命中なら、彼はドナルド・トランプ時代のアメリカをどのように描いたでしょうね。

Das Cabinet des Dr. Caligari

正気とは何か、狂気とは何か

『カリガリ博士』

1920年／ドイツ
監督 ロベルト・ヴィーネ
出演 ヴェルナー・クラウス、コンラート・ファイト、フリードリッヒ・フェーヘル、リル・ダゴファー

100年前の映画

1920年のドイツ映画『カリガリ博士』についてお話しします。世界のホラー映画はここから始まったと言っていい名作なので、タイトルだけは聞いたことがあるとか、写真を見たこ

とがある人も多いと思います。カリガリ（cali≠gari）っていうバンドもいるぐらいですから。

でも100年前の映画なんで、本編を観た人は少ないかもしれません。今すぐにでも観てください。YouTubeに日本語の字幕付きの動画がありますから。著作権が切れて、パブリックドメインになっています。

もともとは1時間以上あったらしいんですけど、現在残ってるバージョンは本編が1時間もないんですね。だから見るのに時間はかからないし、何よりもこれは、サイレント映画なのでセリフも少ないですから、字幕を読むのも辛くないので、ぜひぜひ気軽にご覧になってほしいです。

『カリガリ博士』が与えた影響の数々

『カリガリ博士』はとにかく原点ですから、様々なものに影響を与えています。たとえばティム・バートンの描くキャラクター。全身黒ずくめで、顔だけ真っ白。特にジョニー・デップが『シザーハンズ』（1990年）で演じたエドワードがそうですけど、この『カリガリ博士』に出てくる夢遊病者の殺人鬼「眠り男チェザーレ」のスタイルに影響を受けていますね。

チェザーレは真っ黒なタートルネックを着て、顔は白塗りだけど目の周りだけ黒く塗っていますが、1980年頃にすごく流行ったポジパン（ポジティブ・パンク）とかゴスの元になっています。バウハウスとかザ・キュアーとか、そのへんのバンドですよね。暗くて退廃的なスタイルに『カリガリ博士』が影響を与えています。

その前に、デヴィッド・ボウイもかなり『カリガリ博士』の影響を受けて雰囲気を真似していましたね。それにザ・スターリンのビジュアルワークをやっていた丸尾末広さんも『カリガリ博士』を何回もイラストにしていますね。

ブライアン・デ・パルマ監督の作品で僕が本当に大好きな『ファントム・オブ・パラダイス』（1974年）では、悪魔に魂を売ったレコード会社の総帥スワン（ポール・ウィリアムズ）が記者会見で新人歌手ビーフを紹介する場面で、立たせた棺桶を開けて、中からビーフが出てくる。このシーンは、『カリガリ博士』の中でカリガリ博士が眠り男チェザーレを紹介するシーンを真似しています。

それに、このビーフがステージで歌うシーンのセットも『カリガリ博士』のセットに似せています。直角であるべきところがめちゃくちゃな角度になって歪んでいるんです。いわゆる「表現主義」の美術です。

『カリガリ博士』の何がいちばん有名かというと、「ドイツ表現主義」の美術なんですね。具体的にいうと、背景のセットが全部歪んでいるんですよ。建物が斜めに傾いて、まっすぐ立っていないんですね。遠近感も狂っています。ドイツ表現主義については後で説明します。

もう一つ『カリガリ博士』の重要な点は、話全体の構造です。映画の構造自体が表現主義的なんです。つまり客観的な描写だと思っていたら主観だった……という。これもいろんな映画に影響を与えてます。たとえ直接影響を受けていなくても、元をたどると『カリガリ博士』にたどり着く場合が多いんです。たとえばデヴィッド・クローネンバーグの映画や、デヴィッド・リンチの映画がそうです。あとは、ドゥニ・ヴィルヌーヴの『複製された男』(2013年)もそうですね。

表現主義の源流

さて、具体的に『カリガリ博士』の話を始めましょう。……まず主人公のフランシスという青年がベンチでおじいちゃんに話をしています。そこに、白い服を着た美しい女性が歩いてくる。フランシスは「彼女はね、僕のフィアンセなんだよ」と言います。その女性はフランシスのことを全然見もしないのにですよ。

フランシスが自分の体験を語り始めます。そこからは背景が完全に書割（かきわり）になります。つまり板に描いた絵なんです。しかも建物がみんな歪んでいる。ゴッホの絵みたいだと思う人も多いでしょう。ティム・バートンの『ナイトメアー・ビフォア・クリスマス』（1993年）の風景もゴッホの絵に似ているんですけど、それが源流なんですね。

『カリガリ博士』のセットは、その当時、第二次大戦前のドイツで非常に流行っていた「表現主義」という美術運動の影響を受けています。表現主義は、印象主義への反応として出てきました。

印象主義の前には写実主義、つまりリアリズムですね。何かを見える通りに忠実に描くのが絵画の主流でした。ところが写真が発明されたせいで、写実主義に意味がなくなっちゃったんですね。

では、絵にしかできない表現とは何か？　まず、印象主義が出てきた。実物をそのまま写すんじゃなくて、自分の心に映った感じ、自分の心のフィルターを通して表現するんだと。印象は英語で「インプレス（Impress）」、つまりハンコみたいに押し付けること。自分の心に押されたものをそのまま表現するのが印象派。印象主義の言葉の由来になったクロード・モネの『印象・日の出』は輪郭やディテールにこだわらず、水辺に上った朝日の「感じ」を伝えようとした絵です。

これに対して表現主義は「エクスプレッション（Expression）」だから、心の状態を絵に表現するわけです。つまり「自分の心を外側にある風景とか自然とか人物に対して投影する」こと。不安な気持ちを歪んだ風景、歪んだ建物で表現する、それが表現主義なんですね。

ゴッホと並んで表現主義の源流と言われている有名な絵は、エドヴァルド・ムンクの『叫び』ですね。あれは恐怖で耳を塞いでいる人の周りで風景が渦巻いてグニャグニャになっている。精神疾患のある人から見た風景をそのまま絵にした感じですね。『カリガリ博士』はまさにそれなんです。

眠り男チェザーレ

『カリガリ博士』のストーリーに戻ると、主人公のフランシスが住んでいる街に縁日、カーニバルが来る。射的とかイカ焼きとか……イカ焼きは出ないか（笑）。そういった出店と、見世物小屋が来ている。それをフランシスが友達と一緒に観に入ったら、カリガリ博士と名乗る、マントに山高帽をかぶった、太った老人がステージに立っています。

ステージには棺桶が立っていて、それがゆっくりと開いて、白塗りの眠り男チェザーレが立ったまま眠っています。カリガリ博士が「この男はもう何十年も眠っていますけど、今起こしましょう」と言う。すると、チェザーレが目をグワッと開くんですね。チェザーレは、ちょっとハンサムな人が演じていてカッコいいんです。だからゴスとかパンクとか、ジョニー・デップが影響を受けて真似しているんですね。チェザーレを演じるコンラート・ファイトというドイツの俳優は、その後もハンフリー・ボガートの『カサブランカ』（1942年）とかに出ていますね。

眠り男チェザーレ（コンラート・ファイト）

カリガリ博士が「眠り男は皆さんの未来を予言します」と言う。見物客の1人が気楽な感じで「じゃあ僕は何歳ぐらいまで生きますか？」って聞くとチェザーレは「お前の寿命は……明日の朝までだ！」って言うんです。僕は『カリガリ博士』でこのシーンがいちばん怖かったですね。

「僕はいつまで生きますか？」「明日の朝までだ！」っていきなり言われたらめちゃくちゃビ

ビりますよ。この寿命を言い渡された男の演技もすごく良くて。びっくりしすぎて、引きつったみたいに笑っちゃうんです。「えっ、ええっ……?」みたいな感じで。この反応はリアルです。

どうして眠り男がそんな予言をするのか?

早い話、チェザーレがその男を殺しに来るんです(笑)。ひどいですよね。予言を実現するために、予言した本人が殺しに来るっていう。それ、予言じゃないし。

フィルム・ノワールの原点

殺人シーンもまた素晴らしい。チェザーレがその男を刺す瞬間を、カメラは直接写さないんです。壁に映ったチェザーレの大きな影がナイフを振り下ろす、その壁だけ撮ってるんです。この撮り方は、アルフレッド・ヒッチコックに影響を与えていますね。ヒッチコックは『カリガリ博士』の7年後に『下宿人』(1927年)というホラーサスペンスを撮るんですが、彼に限らず世界中の人が『カリガリ博士』に影響を受けています。

白黒の映画の中で光をうまく使って、壁に映ったりする影を使って恐怖とか不安を表現する。『カリガリ博士』の影の使い方は、キャロル・リードの『第三の男』(1949年)でオーソン・ウェルズの影が壁に大きく投影されるシーンにもつながっていきます。『ロボコップ』（１９８７年）でも同じことをやっていました。

こうしたドイツ表現主義のスタッフ、いちばん有名なのはフリッツ・ラングですが、彼らがナチからハリウッドに逃れて作ったのが「フィルム・ノワール」と呼ばれる、１９４０年代のモノクロ犯罪映画です。窓にかかったブラインド越しの光であるとか、光と影だけで暗黒街の欲望と暴力を描いたわけですが、それはもともとドイツ表現主義のホラー映画の手法で、原点は『カリガリ博士』なんですよ。

次に眠り男は、ジェーンという美女の寝室に忍び込んで、彼女をさらいます。このシーンは「怪物が部屋に忍び込んできて美女を襲う」という、ホラー映画の基本パターンの原形ですね。吸血鬼ものには必ずありますが、最初の吸血鬼映画『吸血鬼ノスフェラトゥ』（１９２２年）が作られたのは『カリガリ博士』の２年後です。

眠り男は、そのジェーンという女性を抱きかかえて街の中を逃げます。その街の表現主義的なセットが素晴らしい。眠り男がジェーンを抱いて立っているポーズは、その後もいろんなホラー映画で使われています。『大アマゾンの半魚人』（１９５４年）で半魚人が美女を抱きかかえて立っている姿とか、そういったポーズの原点もここにあるんです。

このへんから、さらに物語の核心に触れていきますので、もしまだ映画を観ていない人がいたら、まず映画をご覧になってください。

『大アマゾンの半魚人』（1954年）

カリガリ博士の正体

ジェーンとチェザーレを、フランシスと警察たちが協力して追いかけていくと、精神科病院にたどり着く。実はその精神科病院の院長が、あの見世物小屋のカリガリ博士だったことがわかります。

この精神科病院の院長の本名はカリガリじゃないんですが、昔のイタリアにいたカリガリという人物の研究をしています。元祖カリガリは、夢遊病患者を操って人を殺させていた連続殺人鬼なんです。彼に憧れた院長は、チェザーレという夢遊病患者が収容されたので、「私はこれでカリガリになれるかもしれない！」と思ったというんです。

院長が「私は、カリガリになるんだーっ！」と言うシーンで、彼の周りに「私はカリガリになるんだ!」っていう文字がいっぱい出てくるんですよ。漫画みたいなんですけど。『ワンピース』の「海賊王におれはなる!」みたいな(笑)。

カリガリの模倣犯として、チェザーレを使って連続殺人をしていた院長は警察に捕まって、精神疾患の患者としてその病院に収容されます。

そこでまたプロローグのベンチに座っていた場面に戻ります。フランシスが「こんなことがあったんですよ」と話し終えます。ベンチの周囲が見えると、背景は表現主義的ではなく、リアルな風景に戻っています。そこはカリガリの精神科病院なんですよ。しかも、最初にフランシスが「僕の婚約者です」と言っていた美女は、チェザーレにさらわれたジェーンなんですね。

フランシスがジェーンに「ねえ、僕たちいつ結婚するの?」と話しかけると、ジェーンは「私は王家の血を引く姫よ! そんな勝手なことはできません!」と言うんです。この女性は、自分をお姫様だと思い込んでるんです。

しかも、そこにはチェザーレもいます。でも、静かでおとなしそうな青年で、全然凶暴そうじゃないんです。

さらに、カリガリ博士……というか、その精神科病院の院長が現れます。

フランシスは「あっ、カリガリだ！　こいつは悪人で、殺人鬼なんだ！」と叫びます。すると院長は「なんだ、また発作か。ちょっと閉じ込めておきなさい」と看護師たちに命令して、フランシスが病室に閉じ込められて映画が終わります。

子ども向けのドラマやコメディでは、主人公が夢を見ると、画面がふにゃふにゃ揺れたり、ソフトフォーカスになったりしますが、『カリガリ博士』で背景が全部歪んでいたのは、実はフランシスの妄想だったからです。

これを観て、「あーっ！」って思った人、結構多いと思うんですね。「ずっと見せられていた物語は、実は主人公の妄想だった」っていう映画、いっぱいあるじゃないですか。その最初の一本が『カリガリ博士』だったんです。

『カリガリからヒトラーへ』

『カリガリ博士』が現在、映画史に残る傑作といわれているのは、ある本がその評価を確定したからです。

それは『カリガリからヒトラーへ—ドイツ映画1918‐1933における集団心理の構造分析』（みすず書房）という本です。『カリガリ博士』に関する論文や論評はほとんどその本を元にしています。著者はジークフリート・クラカウアーというドイツ人で、この本は１９４７年、つまり第二次世界大戦終結の2年後に書かれています。その時点で『カリガリ博士』が作られてからすでに27年経っています。

著者クラカウアーは、ドイツからアメリカに亡命しました。彼のようにナチが政権を取ってから国外に出たドイツ人は多くて、実は『カリガリ博士』に参加したスタッフのほとんどがドイツから脱出しています。『カリガリ博士』のもともとのストーリーを書いた脚本家の２人、ハンス・ヤノヴィッツとカール・マイヤーもドイツ国外に逃げています。

『カリガリ博士』の素晴らしい表現主義的なセットを設計した美術監督ヘルマン・ヴァルムも結局、スイスに脱出しました。監督のロベルト・ヴィーネは、ドイツに残ったまま、１９３８年に亡くなっています。彼は他の作品がほとんど評価されなくて、『カリガリ博士』の一発屋のように言われていますが。

『カリガリからヒトラーへ』では、『カリガリ博士』の脚本を書いたハンス・ヤノヴィッツが取材に応えて「『カリガリ博士』はナチやファシズムに対する恐怖と怒りから生まれた」と語り、その発言を元に著者のクラカウアーがこのように結論します。「カリガリ博士は大衆の理性を眠らせて、眠り男のような操り人形にして、戦争やユダヤ人虐殺のような殺人をやらせる、大衆を操作する男、つまり、ナチだ」と。だから『カリガリからヒトラーへ』なんですね。

その本によると、脚本家のヤノヴィッツは「エピローグの〝すべては精神科病院に入れられていた主人公の妄想だった〟というオチは、もともとの脚本にはなかった。これは後から勝手につけられたものなんだ」と言って怒っています。この終わり方によって、ファシズムに抵抗する人は頭がおかしい、ということになってしまうと。

これまで世界中の『カリガリ博士』評はこの『カリガリからヒトラーへ』に準拠してきました。『カリガリ博士』はファシズム批判のメタファーだったのに「精神科病院に入れられた」というオチがつけられたために、社会的メッセージを失ってしまったと。

では、その「主人公が精神科病院に入っていた」というオチをつけたのは誰か？　という問題があって、それは映画監督のフリッツ・ラングだと言われてるんですね。

というのも、もともとロベルト・ヴィーネではなくフリッツ・ラングが『カリガリ博士』を監督する予定だったからです。フリッツ・ラングはSF大作『メトロポリス』（1927年）の大巨匠です。彼はオーストリア出身で、アメリカに渡ってからはフィルム・ノワールの傑作をいくつも作りました。ラングは「表現主義的な美術を最初からやると、観客がついていけないだろう。だから普通に撮った精神科病院のシーンを頭とお尻につけることで、観客が入りやすくなるんじゃないか」と言ったと、『カリガリからヒトラーへ』に書かれています。

もう一つ、表現主義的な背景、美術に関しては、ハンス・ヤノヴィッツが「私の意見が影響を与えた」と言っています。

具体的には、ヤノヴィッツは「アルフレート・クービンという銅版画家の作品のようなセットにしてほしい」と映画会社に言ったそうです。だから「クービンが制作に参加した」と書かれている資料もあります。

でも、実際に『カリガリ博士』とクービンの絵を見比べると、全然似ていないんですよ。クービンの作品は本当に気持ち悪い絵なんです。オディロン・ルドンの絵を、もっと病的にした感じ。夜中に1人でクービンの絵を見ていると、本当に怖くなりますよ。

アルフレート・クービンの作品（1902年）

でも『カリガリ博士』の美術は、そうじゃないんですよね。ドロドロした感じではなくて、建物が幾何学的に歪んでる。これに関しては、ヤノヴィッツが「クービンみたいにしてくれ」って言ったらどこかで聞き間違えたか読み違えられて、「キュービズムみたいにしてくれ」と伝わってしまったんじゃないかと。キュービズムはピカソが有名ですが、要するに物を立体的に幾何学的に歪めていくことですよね。

次々と覆されていく事実

この『カリガリからヒトラーへ』という本は、その後、記述の信用性が疑われていきます。決定的だったのは、カリガリ博士を演じていた俳優ヴェルナー・クラウスが持っていた撮影用台本が1978年に公表されたことです。ヤノヴィッツが書いた台本です。それを調べてみると、ヤノヴィッツが言ったような政治的なことは一切書かれていなかった。それに美術的なこと、表現主義的な指示もなかった。さらに、ヤノヴィッツは撮影自体に一切参加していなかった事実も判明した。どうも、ヤノヴィッツが手柄を独り占めしようとして話を盛ったらしいんです。

それとフリッツ・ラングの「主人公が精神科病院に入っていたというのは私のアイデア」という発言も、事実じゃなかった。

「セットを表現主義的にしよう」というアイデアは、監督のロベルト・ヴィーネと美術監督のヘルマン・ヴァルムが最初に会って打ち合わせをした時に初めて出てきたものなんです。だからフリッツ・ラングが関わっていた時に、「精神科病院のシーンだけ表現主義的にしないようにしよう」という話になるわけがない。だから、このフリッツ・ラング説は否定されてるんです。日本も含め、世界中の大学で『カリガリ博士』についてはずっと、『カリガリからヒトラーへ』に準拠して教えられてきたんですが、今はほとんど覆されているんです。

ナチズム批判は後付けだった

さらに「『カリガリ博士』はファシズム、ヒトラーのナチズムに対する批判だ」というヤノヴィッツの主張も、どうも事実と違うらしい。というのは、『カリガリ博士』が作られたのは1920年で、ヒトラーがナチの党首になるのは1921年で、ナチが政権を取るのは1933年なんですね。このシナリオが書かれた時のドイツは、ワイマール共和国という議会制民主主義の共和国でした。その当時に、ナチの恐怖を訴えることはないだろうと。

ただ、脚本家のヤノヴィッツは第一次大戦で実際に戦争に行っていて、弟が戦死したり、悲惨な体験をしています。共同脚本のカール・マイヤーも戦争に行って、最初の戦闘の惨状を見て、精神疾患のふりをして戦線から離脱してるんです。だからこの脚本家の2人は戦争に反対で、国民を戦争に駆り立てていく権力に対する怒りがあった。それが『カリガリ博士』に反映されていることは事実だとしても、ナチ批判は言いすぎだろうと。

ヤノヴィッツが後知恵で、クラカウアーに「実はあれはナチを表現したんだよ」と言っただけみたいです。

現実に対する不安

そもそも『カリガリからヒトラーへ』から言われるようになった「最後の精神疾患の部分が作品を弱くしてる」という批判は、どう考えても間違いなんですよ。全然弱くなってない。かえって怖くなっているからです。

『カリガリ博士』のように、現実だと思って観ていると実は主人公の妄想だった、ないし妄想だったかもしれない、という映画は、山ほどありますね。たとえばスタンリー・キューブリックの『アイズ・ワイド・シャット』（1999年）や、メアリー・ハロンの『アメリカン・サイコ』（2000年）、デヴィッド・リンチの『イレイザーヘッド』（1977年）、『ロスト・ハイウェイ』（1997年）、『マルホランド・ドライブ』（2001年）、『インランド・エンパイア』

（2006年）、デヴィッド・クローネンバーグの『スパイダー／少年は蜘蛛にキスをする』（2001年）とかもありましたね。あとマイケル・ケイトン＝ジョーンズの『氷の微笑2』（2006年）、アレハンドロ・ゴンサレス・イニャリトゥの『バードマン あるいは（無知がもたらす予期せぬ奇跡）』（2014年）もそうでした。ザック・スナイダーの『エンジェル ウォーズ』（2011年）という映画はまさに精神科病院が舞台で、『カリガリ博士』の直接的な影響で作られた映画でした。

ああいう映画を観ると、「どこまでが現実で、どこまでが妄想なんだ」と確かめようとする人がいるんですが、それは混乱したままな方がいいと思うんですね。作り手がわざと現実と妄想を地続きにして、その境界を曖昧にしてるのは意図があってのことなんですね。『カリガリ博士』の場合、最後に主人公が精神疾患の患者だったとわかって、「なあんだ、全部妄想だったのか」で終わっていないんですね。最後は画面がどんどん真っ黒になって、精神科病院の院長であるカリガリ博士の顔だけが円形に残ります。この映像の手法を「アイリス・アウト」と言います。このラストは「もしかしたら、この主人公は狂っていなかったけど、カリガリ博士の陰謀で狂わされたんじゃないか」という不安感を観客に残します。つまり、何が妄想で何が真実か、正気とは何か、狂気とは何かわからない……という引っかかりを観客の心に残すんです。それが作品に、深い余韻と広がりを与えることになります。

狂気と正気は裏表です。平時にはみんな「人を殺してはいけない」「よその国の人とも仲良くしよう」と言いますが、戦争になってみんなが「敵をやっつけろ」と熱狂している時に「どうかしてるよ」と言うと非国民扱いです。で、戦争が終わると「戦争大好き」なんて言ったら「気は確かか?」と言われるわけです。何が正気で何が狂気かなんて、状況によって変わるわけです。

何が現実で何が妄想か、それももう曖昧ですよね。『マトリックス』(1999年)について語るまでもなく。

『カリガリ博士』はそれまでフランシスが話していた物語の登場人物が精神科病院の人たちだったと最後にわかるんですが、この展開は『オズの魔法使』(1939年)でも使われていますね。『オズの魔法使』は竜巻に飛ばされてオズの国に行ったヒロインのドロシーがカカシとかブリキマンとかライオンと一緒に冒険をしますが、最後に「すべてドロシーの夢だった」というオチがつくんですね。彼女がを目覚ますと、近所の人たちがお見舞いに来ている。彼らは夢の中でカカシ、ブリキマン、ライオンだったんです。東宝が昔作った『緯度0大作戦』(1969年)というSF映画もこれに似ています。主人公が海底にある緯度0基地という場所で大冒険をして、地上に戻るとすべての証拠は消えていて、夢だったのかと思うんですが、緯度0基地にいた人たちが地上にもいるんですよ。

オズの国も、緯度0基地も、夢なのか、現実なのか、わからないんです。でも、そこがいいんですよ。

『プラハの大学生』

最後に面白い話を。脚本家のハンス・ヤノヴィッツが『カリガリ博士』を書こうとしたきっかけについてです。

まず彼は『プラハの大学生』（1913年）という映画が好きでした。それは『複製された男』の原形というか、いわゆるドッペルゲンガーものの元祖と言われるエドガー・アラン・ポーの短編『ウィリアム・ウィルソン』の無断映画化です。わがままな大学生がチャラチャラ遊んでいると、自分にそっくりな人間が現れて……そいつを殺すと自分自身を殺しちゃう、という話。それに影響されてヤノヴィッツが書いたのが『カリガリ博士』です。

でも、カリガリ博士のイメージは彼の実体験から来ています。

彼があるカーニバルに行ったら、そこにすごく綺麗な女の子がいて、お酒で酔っ払ったのか、陽気に笑って踊って、でも、ちょっと普通じゃない感じだった。ヤノヴィッツは、「彼女はいったい誰だろう?」と思って、夜道で彼女の後をつけていったらしいんですよ。危ないやつですね。そしたら、その女の子が茂みの方に入っていって、見失っちゃった。「あれ? 彼女はどうしたんだろう?」と思ってると突然、彼女が消えた方から、山高帽にマントを着た紳士が出てきて、去っていったんですね。

「いったい何があったんだろう?」と思ったけど、暗くなってきたんでヤノヴィッツは家に帰ったんですが、翌日、新聞を見たら、「女の人が殺されていた」という記事が出ていた。その写真を見たら、昨日の女の子だったんです。彼女はどうも精神疾患だったらしいんですが、行方不明になっていて、死体で発見されたと。で、新聞に葬儀の場所と時間が書いてあったんで、ヤノヴィッツはそこに行ってみた。すると、その葬儀の喪主、彼女の父親は、あの茂みの中から出てきた紳士だった! ヤノヴィッツが自分が見たことを警察に話しても、誰も信じてくれなかったそうです。

その紳士がカリガリ博士のイメージだそうです。そっちの方が怖いよ!

白黒の美学

話を戻すと、『カリガリ博士』の夢オチは決して「夢でした、チャンチャン」じゃなくて「どこまでが夢で、どこまで現実かわからない」っていう、永遠のグルグル世界に観客を引きずり込む恐怖として成立しているんですね。現在もこの映画の影響下にある作品がたくさんあります。作っている側も気がつかないまま影響されている映画っていうのはずっと作られていますね。

ホラー映画の『キャット・ピープル』（1942年）なんかもちろんそうですし、フィルム・ノワールから作られた『ブレードランナー』（1982年）はSF映画ですが、あれはライティングのやり方でフィルム・ノワールを真似しています。その原点にはやはり『カリガリ博士』があるんですね。あと、ハリウッドのユニバーサル映画『フランケンシュタイン』（1931年）であるとか『魔人ドラキュラ』（1931年）といったホラー映画。あれも実は、ドイツの表現主義をやっていたスタッフがアメリカに来て撮っていたりするんですね。

だから、多くの作品の原点中の原点がこの『カリガリ博士』だということで、タイトルだけは聞いたことあるけども観る気がなかったという人も、これで一つ「ネタはここだ！」っていうところがわかったと思います。

American Psycho

出口も善悪もない、永遠の荒野

『アメリカン・サイコ』

2000年／アメリカ
監督 メアリー・ハロン
出演 クリスチャン・ベール、ジャスティン・セロー、ジョシュ・ルーカス、ビル・セイジ、クロエ・セヴィニー、ジャレッド・レト

出版拒否された問題作

『アメリカン・サイコ』は、1991年に書かれたブレット・イーストン・エリスの同名小説が原作です。残酷描写、特に女性に対する虐待のため、最初に出版するはずだったサイモン&

シュースターが出版を拒否したり、出版されたら抗議運動が起こったりして大問題になりました。映画化するまでに10年近くかかって、２０００年にやっと公開されました。

舞台は１９８７年のニューヨーク。バブル経済の絶頂期です。

その頃は、日本でも兜町（かぶとちょう）周辺で新しい証券会社が次々とできて、女性はボディコン、男性はダブルのイタリアンスーツを着て、ディスコでシャンパンを開けたりして、すごい時代でしたね。１９８９年にバブルが弾けて、それ以来、日本経済はずっと落ち続けていますが、アメリカでも１９８７年10月に「ブラックマンデー」というバブル崩壊がありました。『アメリカン・サイコ』はその直前の話です。

主人公パトリック・ベイトマン（クリスチャン・ベール）はウォール街にある投資会社で働く証券マンで、仕事はM&A（Mergers and Acquisitions／企業の合併と買収）。27歳の若さで年収は数億円。最高級のスーツを着て、最高級のレストランで食事して、最高級のコンドミニアムに住んで、最高級のバブリーな生活をしています。

そして、夜は人を殺しています。それも無差別に、ホームレスから行きずりの女性まで片っ端から殺して、ズタズタに切り刻み、時に食ったりもしている男です。

だから基本的にはホラーなんですが、この映画を見たままに受け取るのは間違いなんです。

原作者のブレット・イーストン・エリスは「これは黒い黒いコメディなんだ」と言っています。つまり冗談なんだと。さらに冒頭で主人公はこう言います。

「僕は抽象的な人間なんだ」

具体的な人間ではなく、メタファーなんだと。『アメリカン・サイコ』とは、何かを語るためのたとえ話なんだと。

では、いったい何を言おうとしている映画なのでしょうか？

女性差別で叩かれた話を女性が監督

原作では、女性の性器にパイプを突っ込んでそこにネズミを入れたり、切断した生首にフェラチオさせたり……女性に対する暴力描写がひどいので、女性が抗議しました。特に60年代から活躍する女性解放運動のリーダー、グロリア・スタイネムが『アメリカン・サイコ』を激しく批判したんですが、面白いことに、グロリア・スタイネムが再婚した相手の連れ子が、映画『アメリカン・サイコ』の主演俳優、クリスチャン・ベールなんです。

『アメリカン・サイコ』の映画化権は、エドワード・R・プレスマンというプロデューサーが取得しました。プレスマンは、映画『ウォール街』（1987年）で組んだオリバー・ストーンに『アメリカン・サイコ』を監督させようとしました。ストーンは、父親がウォール街で働いていた株式コンサルタントなんです。でも、うまくいかず、10年近く企画が進みませんでした。

最終的に監督したのは、メアリー・ハロンという女性映画作家です。彼女がこの前に撮ったのは『アンディ・ウォーホルを撃った女』（1996年）という、超過激なレズビアン運動家の実話でした。脚色は女優でもあるグィネヴィア・ターナー。彼女はレズビアンであることを公言しています。つまり、女性差別だとさんざん叩かれた小説を女性の監督と脚本家が、女性側の視点で読み替えたわけで、これが見事に成功しています。グィネヴィア・ターナーは、この後も『Lの世界』（2004〜2009年）というレズビアン・ドラマをヒットさせました。

レス・ザン・ゼロ

小説も映画も主人公のパトリック・ベイトマンの一人称で描かれています。

ベイトマンは金とブランドにしか興味がなく、人としての情緒や共感がありません。「僕は女の子を切り刻むのが好きだ」と言っちゃうので「なんてひどい小説だ。この作者は女性を蔑視している！」と叩かれましたが、原作者のブレット・イーストン・エリスはそういう人じゃないんですよ。

彼の家を訪ねて、直接お話を聞きました。彼の小説『ルールズ・オブ・アトラクション』が

２００２年に映画化された時に、インタビューに行ったんです。マンハッタンのユニオン・スクエアの近くに買ったコンドミニアムに住んでいました。

ブレット・イーストン・エリスは21歳の時、バブル時代の若者たちのリッチで空っぽな「ゼロ以下」の生活を描いた『レス・ザン・ゼロ』がベストセラーになり、おしゃれな小説家としてチヤホヤされました。そしてニューヨークでセレブな生活を始めたんですけれども、だんだん虚しく、辛くなってきたそうです。

評判のレストランに行って、流行りの服を着て、最先端の音楽を聴いて、おしゃれな会話をして、最新の流行を一生懸命追いかけていくうちに、精神的に病んでしまったと。それを『アメリカン・サイコ』に描いたということです。

M&Aとバブル経済

主人公ベイトマンをウォール街のM&Aマンにしたのは、彼らこそが消費社会とか資本主義、バブル経済の主犯だからだそうです。１９８１年から始まった共和党のレーガン政権が、M&Aの規制を外して自由化しました。新自由主義経済ですね。

M&Aでは、数十億円もの金が動きます。その仲介料をベイトマンはもらうわけですが、それが莫大な金額なんです。労働に対して報酬が大きすぎる。当時M&Aが自由化された直後は、その資格を持つ人が、ハーバードとかイェールなどの一流大学を出て、一流の金融会社に入ったエリートだけに限られていたんです。だから子どもの頃から裕福で、いい大学を出て、人生経験もないし、辛い思いもしたことがない若者たちが何億円もの金を持ってしまった。

なんの苦労も汗もなしにつかんだあぶく銭、まさにバブルですね。だから湯水のように使いまくる。ベイトマンなんかは、ずっと優等生で、特に趣味もないから、お金があっても何をしたらいいかわからなくて、とにかく流行ってるものを追いかけているんでしょう。

トレンディな80年代

「流行の最先端」という意味で「トレンディ」という言葉がアメリカから日本に入ってきたのもその頃です。僕はトレンディとかトレンドと言うやつを一切信用しないんですが、ベイトマンとトレーダーたちの話題はいつも、どこのレストランがトレンディか、どんな服がトレンディか、そればかりです。「誰がなんと言おうが僕はこれが好き」ということはない。自分の意思じゃないんですよ。流行ってるかどうか、最先端かどうか、世間に追いついていくことしか頭にないんです。

だからベイトマンはセリフで何度も「僕は適合（Fit in）したいんだ」と言います。とにかく世間から外れたくない。「世間はどうあれ、自分自身でいたい」とは決して思わない。そもそも「自分自身」というものがない。ただ、『アメリカン・サイコ』は具体的にM&Aをやっていた人たちを批判する小説ではなく、その時代……80年代的な消費社会の象徴としてベイトマンを主人公にしてるんです。だから彼は「僕は抽象的な人間である」と宣言してるんです。

当時は日本もそういう時代でした。80年代当時、僕は大学を出たてで、『宝島』という雑誌の新人編集者でした。年収が300万円くらいしかなかったんですけど、仕事先でバブルな人たちと話もしなきゃならない。そういう業界人と六本木で話した時、「最近はビーエム（BMWのこと）より、サーブらしいですよ」と言われたんです。「自分はサーブという車が好きなんです」じゃなくて、「BMWはもう流行遅れだ。サーブの方が先端だ」と言うわけです。そこに自分の意思なんかどこにもないわけですよ。当時は、そういう言葉をよく聞きました。「これからはなんとかが流行るらしいよ」みたいな。

当時、『私をスキーに連れてって』（1987年）がヒットして、スキーブームだったんですが、なんかの間違いで、広告代理店のやつの車でスキーに行くことになったんですね。そしたら、その彼がカーステレオでリック・アストリーばっかりかけるわけですよ。「Never Gonna Give You Up」ってやつ。だから彼に「リック・アストリー、好きなの？」って聞いたら、彼は「いや。でも、流行ってるでしょ？」って言ったんですよ。俺は好きかどうか聞いたのに……。

ベイトマンは、そういう消費だけの人々を象徴しているんです。

名刺バトル

でも、原作者が言う通り『アメリカン・サイコ』はコメディですから、いちいち笑わせるんですよ。

たとえばベイトマンが、すごい高級レストランに行って「やっぱり核兵器の問題とかテロとか飢餓について考えるべきだよ」とか言うんです。「ホームレスに食べ物や住む場所を与えるべきだよね。人種差別も良くないね」「女性にも男性と同じ権利を与えるべきだ」「若者たちの最近の物質主義。物にばっかりこだわるっていうのも問題だね」とか。もう、ほんとに心にもないこと言ってるのが見え見えで笑っちゃうんですが、そのベイトマンの空っぽなトークを聞いた男が「感動したよ」とか言うのもバカ丸出しでおかしい。

90年代に「Suntory is thinking about the earth」という缶ビールが出たんですよ。「地球について考える」という缶ビール。飲んだところでちっとも地球のためにならないんですが、「エコが流行ってるよね」という広告代理店的発想で生まれた商品でした。それを思い出します。

『アメリカン・サイコ』の証券マンたちは「誰よりも流行の最先端に」と争っているんですが、みんなそっくりの格好をしています。「同じバレンチノのスーツを着てるし、同じブランドのメガネかけてるし、同じヘアサロンに行っているからね」とベイトマンは言います。「誰よりもおしゃれ」を目指した結果、みんな同じになって無個性になってしまった。だから証券マン同士、相手の名前をやたらと間違えます。中身に個性がないから覚えられないんです。これはジョークだけど、怖い話でもありますね。

「名刺バトル」は名シーンです。ベイトマンが特注の名刺を証券マン仲間に見せて「いい名刺だろう？　この紙の白はね、骨色っていうんだよ。このインクは……」って自慢するんですが、相手は「いいね。でも、僕の名刺の方がいいよ」って名刺を出す。それを見たベイトマンは「あっ、負けた！」って、ポケモンカードで戦う小学生か！

しかも、どの名刺もまったく同じに見える。差異がほとんどないんですね。もう1ミリとか2ミリぐらいの差異で争う世界ですよね。「その服、バレンチノ？　ヴェルサーチ？」……どっちがどっちかわかんない。同じに見えますね。ジーンズメイト愛好者としては（笑）。

フレネミー

この名刺バトルでポール・アレン（ジャレッド・レト）に負けたベイトマンは悔しくて、帰り道でホームレスを意味なく刺し殺します。ベイトマンの殺人は、M&Aであぶく銭とか、トレンディー競争とかでは満たされない生のリアリティを感じるための行為なんですね。

その憎っくきライバル、ポール・アレンとベイトマンは飲みに行きます。彼らの間にあるのは友情じゃなくて、敵対心だけです。いわゆるフレネミー（Frenemy = Friend + Enemy）ですね。『アメリカン・サイコ』の証券マンたちの間には友情なんてないんです。表向きは友達のふりをしてるけど、相手の気持ちなんて全然考えていないし、相手の名前も顔も覚えてないんで。互いに自分の自慢をし合うためだけに付き合ってるフレネミーばかりです。

ジャレッド・レト演じるポール・アレンに、ベイトマンはなんと「僕はね、女の人を殺して切り刻むのが好きなんだ」と告白します。これ以外のシーンでもベイトマンは「お前、殺しちゃうぞ」とか堂々と言ってるんです。たぶん黙っていることに耐えられないんですね。罪悪感もあるけど、それ以上に「僕は他の人とは違う。僕は特別だ」って自慢したいんですね。競争と自慢の世界ですから。

ところがベイトマンの告白にポールは関心を示さずに「君、いい日焼けしてるよね」と言う。

お互いに互いの中身には関心がない。気にしているのは外見だけなんです。

とにかくこのポールは、ベイトマンにとってはものすごくムカつくヤツなんですよ。何をやっても勝てないから。でも、僕らから見るとポールもベイトマンも同じ格好をしてるから、ほとんど見分けがつかないんですけどね。

ポール・アレンは、ベイトマンの一種のドッペルゲンガーなんですね。

ジャレッド・レトは『ファイト・クラブ』（１９９９年）にも出ていますね。主人公（エドワード・ノートン）に美しいからって嫉妬をされて憎まれて、顔をボコボコに殴られて半殺しにされる若者。『ファイト・クラブ』も、消費社会の中で失われる生の実感を殴り合いで取り戻そうとする話でしたね。

『ファイト・クラブ』
（1999年）

なぜヒューイ・ルイスを？

ベイトマンはポールを自宅に招きます。もう殺す気です。ベイトマンがどうしても取れなかった、今いちばんおしゃれなレストランの予約をポールが取っていたからです。

ちなみにベイトマンの部屋の壁に飾ってある写真はロバート・ロンゴの作品です。高級なビジネススーツを着たイケメンが、撃たれて倒れる寸前のようなポーズをとっている写真です。ものすごく資本主義的でウォール街的で、しかも死の匂いがするアートですね。

ベイトマンはポールに、ヒューイ・ルイス&ザ・ニュースのアルバム『Fore!』（1986年）をかけて聴かせます。ヒューイ・ルイスは1985年に映画『バック・トゥ・ザ・フューチャー』の主題歌「The Power Of Love」を大ヒットさせて、その翌年に出したアルバムが『Fore!』です。

それをかけながら、ベイトマンは説明を始めます。これが実は非常に重要なセリフなんです。「もともとヒューイ・ルイスがやっていた音楽は、僕にはちょっとニューウェーブすぎた」とベイトマンは言います。ニューウェーブとは、70年代後半のパンクロックから派生した音楽です。実験的で先鋭的なポップスと簡単に理解してください。「でも、この『Fore!』というアルバムから、音楽性が変わった。ものすごく商業的になったんだ。明快で元気で、消費的な職人芸（プロフェッショナリズム）の頂点に達したんだ」とベイトマンは解説します。

つまり、ヒューイ・ルイスは主張や芸術志向を捨てて、商業主義に徹したからいいんだ、テーマとかはどうでもいい。売れるかどうかが大事なんだと言うわけです。

さらにベイトマンは言います。「ヒューイ・ルイスはもともとエルヴィス・コステロと比較されてきた」。エルヴィス・コステロはパンクですね。曲はポップですが、歌詞の内容は非常に政治的、反体制的で、人種差別や言論統制に反対する硬派なミュージシャンです。「でも、ヒューイ・ルイスはコステロより皮肉でシニカルなんだ」。ベイトマンは言います。シニカルというのは「そんな政治的なことを訴えても世の中変わらないよ」というあきらめや達観があるということです。

そして彼はヒューイ・ルイスの「Hip to Be Square」をかけます。「この曲はキャッチーだからみんな歌詞をちゃんと聴いてないだろうけど、この歌詞は社会に順応する快楽と、トレンドの大切さを歌っている。それだけじゃない。彼らのバンドの心構えを歌っているんだ」。「Hip to Be Square」という歌はだいたいこういう歌詞です。

かつては僕も反抗する若者だった。悪さもいっぱいしたさ。でも、僕は罰を受けることはなかった。だから落ち着くことにした。今、僕はまともにやっている。髪の毛も切ったよ。

「髪の毛も切ったよ」というのは、60年代から70年代の若者たちは、髪の毛を伸ばすことが世の中への反抗だったからです。当時は長髪では就職できなかったんです。あえて就職せずに、自分なりの生き方をすることをヒップ（Hip／カッコいい）、そういう生き方をする人をヒッピー（Hippie）と呼びました。それに対して、髪を切ってネクタイを締めて会社で働くような人をスクエア（Square）、つまり「堅苦しいやつ」と呼んで軽蔑していたんです。

ヒッピーとスクエア

ヒューイ・ルイスは「僕はもうヒップなのはやめてスクエアになったんだ。だから髪の毛も切った」と言うんですね。そして「君は僕の頭がおかしくなったと思うだろうけど、気にしないよ。だって僕は、今がどういう時代なのかわかってるから」と歌います。

で、こう歌うんです。「It's hip to be square」って。つまり「今はスクエアなのがヒップなんだ」と。

さらに2番はこう続きます。「僕のバンドはビジネススーツを着ているんだよ。テレビ映えするだろ？　僕は毎日ジムに通って体を鍛えてるし、食事にも気を遣ってるんだ。まあ、どうでもいいけどね。他にどうしようもない。時代の流れには逆らえないんだよ。それが今の時代なんだよ。今は保守的なのがおしゃれなんだよ。難しいことじゃないだろ？　周りを見ればわかるだろ?」」。

さらに、「ファーアウトな連中は別の方向に行ってしまった」と言います。「ファーアウト(far out)」はヒッピー用語で「ぶっ飛んでる」という意味です。「今も無理してヒッピーをやっているやつらもいるけども、楽しそうには見えないよね」

要するに、「若者革命」と言われた60年代カウンターカルチャー、反戦運動、人種解放運動、女性解放運動……そういったものはもうダセぇんだよ。今は保守的にネクタイを締めてビジネススーツを着る時代なんだよと。

これはヒューイ・ルイスが本気で主張しているというより、ちょっとあきらめたように……ベイトマンが言うようにシニカルに歌っているんです。それが80年代という時代の説明にもなっています。

『バック・トゥ・ザ・フューチャー』という映画も、タイムマシンで80年代から50年代に戻る話で、当時のレーガン政権が掲げた50年代への回帰と一致してるんですね。そういう80年代の保守回帰志向のエッセンスがこのシーンに詰まっています。80年代に流行った肩幅の広いダブルのスーツというのも、元は50年代に流行ったスタイルですしね。

ベイトマンは曲の解説をした後、ピカピカのクロームの斧でポールを惨殺します。

ポールの死体を袋に突っ込んで運んでいると、知り合いに見つかって「その袋……」と言われます。ベイトマンは焦るんですが、その知り合いは「……おしゃれだね」って言うんです(笑)。そこかよ！　ベイトマンが「ああ、ジャンポール・ゴルチエだよ！」って投げやりに答えるのもおかしいです。

ススーディオ

その後ベイトマンは、風俗の女の子を2人部屋に呼んで、3Pしようとしますが、その時もずっとジェネシスについて語ります。

「僕は昔の70年代のジェネシスはわからないんだ。あれはちょっと芸術的すぎたね」と。70年代のジェネシスはピーター・ガブリエルがボーカルだった頃で、すごく実験的なバンドでした。『眩惑のブロードウェイ（The Lamb Lies Down on Broadway）』（１９７４年）というライブアルバムは、ピーター・ガブリエルが1曲ごとに違う衣装を着て歌うロックミュージカルでした。スリッパーメンという、全身ただれてグチョグチョになっている怪物のような格好をして歌ったりね。

「僕がジェネシスを好きになったのは、『Duke』（１９８０年）というアルバムを出してフィル・コリンズが存在感をはっきりさせてからだ」とベイトマンは言います。

フィル・コリンズがリードボーカルになってからのジェネシスは、ダンサブルでポップになって次々と大ヒットを飛ばすんです。「いちばん好きな歌は〝ススーディオ（Sussudio）〟だね」と言うのが面白いですね。「ススーディオ」って言葉には意味がないんですよ。リズムトラックを作る時に仮歌としてフィル・コリンズが口から出まかせで「ス、ス、ススーディオー♪」って歌ってて、その後、どんな言葉を乗せてもうまく合わないんで「ススーディオ」のまま録音したんです。

歌詞全体の内容もほとんど意味がなくて「僕は彼女の名前も知らないけど彼女を好きだと思うよ」という空っぽな内容です。それが名前も知らない風俗の女性とセックスするベイトマンと重なるんです。

3Pシーンもまたおかしいですね。ベッドルームの壁が鏡になっていて、ベイトマンは3Pしながら鏡に映った自分のことばっかりをうっとりと眺めて、それをビデオに撮っているんですよ。要するに、女性たちは全然関係ない。なんのためのセックスだかよくわからない。とにかくベイトマンは、自分の見た目に徹底的にこだわっています。

今は男性用のエステとかのグルーミングは当たり前になってますけど、70年代まではそんなもの存在しませんでした。「男は見栄えよりも中身だ」という時代だったので。

『アメリカン・サイコ』というタイトルは、アルフレッド・ヒッチコック監督の映画『サイコ』（1960年）を元にしています。ベイトマンという名前も、『サイコ』の殺人者ノーマン・ベイツから取っています。ノーマン・ベイツは、エド・ゲインという実在の殺人者をモデルにしていて、ベイトマンもレストランでエド・ゲインについて話します。

『サイコ』（1960年）

エド・ゲインは、ウィスコンシンの田舎に住んでいて、死体を墓場から掘り返したり、人を殺してその人間をバラバラにして家具を作ったりして、家じゅう死体だらけでした。原作だとベイトマンの自宅も死体だらけなんですよ。でも、映画版では原作にある残酷描写は見せていませんから、ベイトマンの部屋もツルツルピカピカで真っ白になっています。これはこれで別の狂気がありますが。

映画版では、ベイトマンは殺したポール・アレンのアパートに死体を置いていて、そっちがエド・ゲインの家のような状態になっています。

そこにベイトマンが女性2人を連れ込んで殺そうとするシーンで、今度はホイットニー・ヒューストンについてうんちくを垂れます。その女性の1人がこの映画の脚本家グィネヴィア・ターナーです。ベイトマンは彼女を食い殺したらしいんですね。ベッドの中でベイトマンの口の周りが血だらけになっている。

ベイトマンが人食いなのにも意味がありますね。彼は「敵対的買収をしている」と言ってますから。自分たちで事業を開発したり、新しい商品とか新しいビジネスを開発するんじゃなくて、どこかの企業が新しいビジネスや新商品で成功すると、それを買収する。金の力で飲み込んでしまうわけです。80年代バブルを描いた『ウォール街』（1987年）でも、M＆Aの大物であるゲッコーが、「私は何も作らない。買収するだけだ」と言いますが、彼らは現代の人食いなんです。

爆発するパトカー

さて、『アメリカン・サイコ』は途中から、わけのわからない展開になっていきます。

ベイトマンがATMでお金をおろそうとすると、マシンの画面に「猫を入れなさい」というメッセージが出ます。言われた通りベイトマンは、近くにいた野良猫をATMに入れようとします。それを見た通りがかりのおばさんが「何をするの？　やめなさい！」と咎めると、ベイトマンは突然、拳銃を抜いてそのおばさんを撃ち殺すんですよ。なんの伏線もなく。

さらに警察官が出てきて、なんと銃撃戦になっちゃう。ベイトマンが拳銃を撃つと、パトカーが爆発します。銃弾一発で車が爆発するなんて、安手のアクション映画みたいなので、ベイトマン自身も「えっ？　どうなってんの？」と驚いた顔をします。

この場面は原作にもあるんです。原作はずっとベイトマンの一人称で書かれているんですが、ここだけ、「ベイトマンが拳銃を撃つと、パトカーが爆発し、その爆風で耳鳴りがした」と、突然三人称になります。で、すぐにまたベイトマンの一人称に戻るんです。

脚本家はＤＶＤのコメンタリーでパトカーの爆発シーンは、観客に「この映画はどこまで本当なのか？」と疑問を抱かせるためだと語っています。「それまでの描写も、ベイトマンという〝信頼できない語り手〟の視点から誇張されていたのでは？」と思うようにと。

現実か妄想か

ベイトマンは命からがら自分の会社のオフィスに逃げ込んで、机の下に潜り込んで弁護士に電話します。

「もうおしまいだ。俺はもう何十人も殺したんだ！」って。夜中だから留守番電話に録音するだけなんですが。

翌日、ベイトマンが死体置き場にしているポール・アレンのアパートに行くと、改装工事をしている。置いてあった死体が綺麗になくなっている。不動産業者に何があったのか尋ねると

「改装して新しい買い手に売るのよ」と言われる。そして「あなた、出ていきなさい。二度と来ちゃダメよ！」と追い出されます。俺がした殺人はなんだったんだ？　ベイトマンは困惑します。

一方、ベイトマンのオフィスでは、彼が机に隠していたノートを秘書（クロエ・セヴィニー）が発見します。そこには、子どもの落書きのような絵で、ベイトマンが人を殺した時の詳細がいっぱい描いてあります。

これは何を意味する？　殺人はベイトマンの幼稚な空想だったのか？

その後、ベイトマンはレストランで弁護士に会って、笑われます。

「君が留守番電話で言っていた、〝人を殺した〟っての、面白いジョークだったよ」

ベイトマンは「本当に殺したんだ。あなたも知ってるポール・アレンも殺したんだよ！」と言います。すると弁護士は「それはありえない。僕はついこの間、ポール・アレンとロンドンで食事したから」と言って去っていきます。

そんなバカな……ベイトマンは呆然とします。

どうでもいい人々

ベイトマンは人を殺したのか、殺してないのか、それは『アメリカン・サイコ』公開当時から論争の的になりました。

それについて、PBS（公共放送）で、監督と脚本家とブレット・イーストン・エリスがインタビューに答えています。

「映画を見終わった後、みんな〝あれって全部ベイトマンの妄想なんでしょう？〟って聞いてくるんですよ」と監督は言います。

「でも、監督の私も脚本家も、そんなつもりはありませんでした」

脚本家ターナーも『アメリカン・サイコ』のDVDのコメンタリーでこう言っています。

「ベイトマンは本当に殺人をしていたんですよ。だから〝妄想でしょ？〟とか聞かれると、非常に困ってしまうんです」と。

では、なぜポール・アレンの部屋にあった死体が綺麗さっぱり消えているのか？

「あれは不動産業者が片付けたんです」ターナーはDVDで説明しています。「死体を見つけたけど、それによってコンドミニアムの資産価値が下がるよりは、死体を処分して、何もなかったことにして高く売る道を選んだのです」。

不動産業者はベイトマンが来た時、彼が殺人に関わっていると気づいたから「二度と来ないでね！」と忠告したんだそうです。

人が死んだ物件は最初に売る時は買い手に事実を伝える義務がありますが、次に転売する際には告知義務はありません。だからそれを利用して、形だけ転売して殺人があった物件を黙って売ることはよくあるそうです。

『悪魔の棲む家』（1979年）という映画がありましたね。格安の掘り出し物の家を買ったら、一家皆殺し事件があった呪われた家だったという。あれは実話ですからね。今も誰かが普通に住んでいるそうですが。

「世の中には、ベイトマン以上にアコギな人がいるということです」と、ターナーは言っています。


じゃあ、弁護士が「ポール・アレンに会った」と言ったのは？

実は、あの弁護士、ベイトマンのことをずっと「デビッド」と呼んでいるんですよ。自分のクライアントなのに名前を覚えてないんです。だから「ポール・アレンと会った」と彼が言うのもあてにならないんです。その弁護士だけがひどいわけじゃなくて、映画の前半で「彼はポール・アレン」とベイトマンが紹介するのも、ポール・アレンじゃない、つまりジャレッド・レトじゃない別の俳優なんですよ。

この映画に出てくる、株式取引とかウォール街にいるやつらには個性がまったくなくなっている上に他人に無関心だから、みんなお互いの名前も顔も全然覚えていない。誰が死のうがどうでもいいんです。

罰せられない地獄

映画のクライマックスでは、テレビでレーガン大統領が演説をしています。これも重要です。レーガン大統領はイラン・コントラ疑惑について釈明しています。レーガン政権が密かに、敵国であるイランに武器を売って儲けた金で中米のコントラという右翼ゲリラに援助をしていたという事件です。ニカラグアで、サンディニスタという社会主義勢力が政権を取ったので、それを潰すためです。

レーガンの釈明を観て、証券マンの1人が「レーガンって穏健な老人に見えるけど、中身はどうだかな?」と言います。すると、ベイトマンは吐き捨てるように「中身なんかどうでもいいんだよ」と言うんです。

そうです。どうでもいいんです。コントラ疑惑は結局、有耶無耶(うやむや)に終わり、誰も罰せられませんでした。

「僕は罰を受けなかった」というのはヒューイ・ルイスの「Hip To Be Square」の歌詞でしたね。

ベイトマンは、心の奥では罰せられたかったんです。苦労しないでいくら大金をつかんでも、それをいくら使っても、なんの手応えも、生きる実感もつかめません。流行の服を着ても、それは本当の自分ではないから、誰も自分を覚えてないし、いないも同然です。心の中は空っぽで、決して満たされず、その空洞はブラックホールのように彼自身を内部から侵食して巨大化する一方です。

ブレット・イーストン・エリスはインタビューで「ベイトマンは、自分の中にある空虚さを埋めるために殺人をしていた」と言っています。

バブルな金儲けも消費も現実感がないけれど、殺人だけは人の命を奪うという現実です。捕まるかもしれないという本当の恐怖です。だからこそ、ベイトマンは人を殺す時だけ、生きる実感をつかめた。一種の自傷行為だったんです。

でだからウィレム・デフォー演じる刑事に疑われた時も、実は逮捕されたいと思っていた。でも、そうなりません。

脚本家も「ベイトマンが望んでいたのは、罰せられて、罪を償うことでした」と言っています。「罰せられたら彼は救われたかもしれない。でも、それすら起こらなかった。彼は永遠に救われないんです」。

殺人が徒労に終わったベイトマンは、この映画の終わりに、カメラ、つまり観客に向かって語りかけます。

「僕は壁を乗り越えてしまった。僕の心の中にあった錯乱と狂気と邪悪な欲望とそれに対する無関心を、僕は乗り越えてしまった」

ベイトマンが誰を殺そうが、誰も気にしなかったから。

「心の痛みは止まらず、鋭くなる一方だ」

ベイトマンの痛みは、ブレット・イーストン・エリスが消費文化についていこうとして抱えた痛み。心の空洞です。

「この痛みを他のやつにも押し付けてやる。誰も逃がしはしない」

ベイトマンは観客に向かって言います。

「こうして罪を認めても、なんのカタルシスもない」

映画で悪いやつが懲らしめられると「カタルシスを感じる」と言いますね。

「カタルシス」は本来「排泄」「浄化」の意味で、「体内の有害物質を排出すること」です。でも、悪が罰せられないなら、それはない。罰せられる危険がなければ殺人のスリルも快楽も、それで得られる生の実感もない。ベイトマンは永遠に救われない。

「僕は罰を受けられなかった。だから、自分のこともわからないままだ。僕の物語からなんの教訓も得られない。この告白は無意味だ」

そこで映画はプツッと終わります。

出口なし

『アメリカン・サイコ』の後、1998年に、ブレット・イーストン・エリスはさらに同じテーマを推し進めて『グラマラマ（Glamorama）』という小説を書いています。外見にしか興味のないファッションモデルが「いちばんトレンディーなのはテロだよ」といってテロリストになる話です。どこかで聞いたことあるでしょう？『ズーランダー』（2001年）ですよ。頭空っぽなファッションモデルが、洗脳されてテロリストになるコメディ。あれは『グラマラマ』が元ネタじゃないかと思ってるんですけどね。

また『アメリカン・サイコ』には何度もドナルド・トランプの話が出てきますね。当時、トランプは不動産王で、ベイトマンみたいな、金がすべての男たちの憧れだったんですね。

トランプにはジュニア、エリック、バロンという3人の息子がいますが、ジュニアとエリックは『アメリカン・サイコ』のクリスチャン・ベールそっくりですよ。高いスーツを着て、髪の毛をぺったり撫で付けたオールバックで、見た目がそっくりだからまったく見分けがつかない。

『アメリカン・サイコ』の後、ブラックマンデーで80年代株式バブルは崩壊しますが、その後、90年代にはITバブル、2000年代にはサブプライムローンによる住宅バブルが膨れて、弾けて、多くの庶民がお金を失いました。でも、そのバブルを仕掛けた金融マンは誰も罰せられていません。だから何度も同じことを繰り返します。

原作は「出口なし」という交通標識で終わります。

ベイトマンが逮捕されて裁かれたり死刑になったりしていれば、彼も安心できるんです。それはつまり、因果応報とか、やっぱり悪は滅びる、という秩序が、この世界にあることの証明になるからです。それは、神はいる、とも言い換えられると思います。

しかし、それはない。悪は裁かれない。『ウディ・アレンの重罪と軽罪』（1989年）と『マッチポイント』（2005年）で、ウディ・アレンは『アメリカン・サイコ』と同じテーマを描いています。主人公は殺人を犯しても罰せられません。この世界には善悪も意味もない。

ただ、永遠の荒野が続いているだけなんです。出口はどこにもない。それがいちばんの恐怖ではないでしょうか？

Hereditary

運命から逃れることはできるのか

『ヘレディタリー／継承』

2018年／アメリカ
監督 アリ・アスター
出演 トニ・コレット、アレックス・ウォルフ、ミリー・シャピロ、ガブリエル・バーン

「嫌な」映画

アリ・アスター監督の2018年の映画『ヘレディタリー／継承』は、「怖い」というより、「嫌な」映画として評判になりました。

映画は新聞に載った死亡広告から始まります。エレン・グラハムというおばあちゃんが亡くなったと。

エレンの娘アニー（トニ・コレット）はドールハウスを作るアーティスト。その人形の家にカメラが入ると、アニー自身が住んでいる家になります。

アニーには夫スティーヴ（ガブリエル・バーン）と高校生の長男ピーター（アレックス・ウルフ）それに中学生の長女チャーリー（ミリー・シャピロ）がいます。

ミリー・シャピロは先天的に骨の形成が未熟な「鎖骨頭蓋骨異形成症（さこつとうがいこついけいせいしょう）」という病気で、ドラマ『ストレンジャー・シングス』のダスティン役のゲイテン・マタラッツォ君も同じ障碍があるそうです。

『ヘレディタリー』というタイトルには「遺伝性」という意味があります。アニーの死んだ母はいわゆる多重人格、正式には解離性同一性障害だったらしく、父は統合失調症で餓死、兄は被害妄想で自殺したといいます。アニー自身も夢遊病だったことがあり、そんな障害が子どもたちに引き継がれることを恐れています。

チャーリーが学校で授業を受けていると、彼女に向かって飛んできた小鳥が窓ガラスにぶつかって死にます。その首をチャーリーはハサミでちょん切ります。チャーリーの中には、何か邪悪なものがいるようです。

少女に悪魔が取り憑く『エクソシスト』（1973年）や、悪魔の息子を養子にもらう『オーメン』（1976年）、若妻が悪魔の子どもを妊娠させられる『ローズマリーの赤ちゃん』（1968年）など、悪魔の子どもが出てくるオカルト映画のように思わせていきます。

突然のジャンル変更

ところが、映画が始まって30分で、なんとチャーリーが死んでしまいます。そこから『ヘレディタリー』は、オカルトではなく、まったく違うジャンルになるんです。

これについてアリ・アスター監督に直接話を聞いたんですが、「観客を安全圏、つまり予測ができる範囲に置いておきたくなかった」と言うんです。「どこに行くのか、まったく予測ができない自動車に乗ってしまった気分にしたかったんだ」。

ジャンル自体が映画の途中で変わってしまうというアイデアについて、アリ・アスター監督は『イン・ザ・ベッドルーム』（2001年）という映画に影響を受けたと言っていました。『イン・ザ・ベッドルーム』ではある大学生（ニック・スタール）が、近所のシングルマザー（マリサ・トメイ）と恋愛関係

『イン・ザ・ベッドルーム』
（2001年）

になります。彼らのメロドラマかと思って観ていると、マリサ・トメイの別れた旦那がいきなり現れて、主人公のように見えたニック・スタールを殺しちゃうんです。で、ニック・スタールの父親が息子の復讐のために犯人を捕まえて監禁して——というドゥニ・ヴィルヌーヴ監督の『プリズナーズ』（２０１３年）みたいなスリラーになっていく。それが『イン・ザ・ベッドルーム』でした。

『ヘレディタリー』は、オカルトからどんなジャンルにシフトするのかというと、家族映画です。アリ・アスター監督が大好きな、家族を描いた嫌な映画の寄せ集めのような展開になっていきます。

長男ピーターは妹チャーリーの面倒を見ることを条件に母親の車を借りて、友達のホームパーティに妹を連れていきます。そこで、ナッツアレルギーのチャーリーがナッツ入りケーキを食べてしまい、アレルギーの症状で息ができなくなります。ピーターはあわてて車で家に帰ります。ところがその途中で窓からチャーリーが頭を出して、電柱にぶつかって……。首をもがれてしまいます……。

嫌な家族映画の集大成

パーティで浮かれているうちに子どもが死ぬ――『アイス・ストーム』（1997年）がそうでした。舞台は1970年代前半、アメリカの高級住宅地です。当時、アメリカではスワッピング（夫婦交換）が流行っていて、親たちがパーティで遊んでいるうちに、留守番をしている子どもが道端でアイス・ストーム（氷嵐）で凍った電線が切れて垂れ下がっているのに触れて、感電死してしまいます。

『アイス・ストーム』は、お父さん（ケビン・クライン）が自動車の中でハンドルに突っ伏して泣くところで終わります。『ヘレディタリー』で、お父さん役のガブリエル・バーンが信号待ちをしている時にハンドルに突っ伏して泣くシーンの原形です。

ラース・フォン・トリアー監督の『アンチ・クライスト』（2009年）も似た映画ですね。夫婦（ウィレム・デフォーとシャルロット・ゲンズブール）がセックスをしている間に息子が事故で死んでしまう。その罪悪感で夫婦が互いを責めて、自分を責めておかしくなっていきます。

『ヘレディタリー』の母アニーは、チャーリーが死んでから、長男ピーターを愛せなくなり、ついにはこう言い放ちます。

「あんたの母親になんかなりたくなかった」

……首がもげるよりキツい場面です。

母の愛という最後の逃げ場

この家族地獄の参考として、アリ・アスター監督はキャストに『普通の人々』（1980年）を観せたそうです。ロバート・レッドフォード監督作で、アカデミー作品賞を獲っています。『普通の人々』では、中学生の兄弟がボートで遊んでいて、お兄さんが溺死します。母親はお兄さんをめちゃくちゃ溺愛していたので、運良く生き残った弟のことを「あんたのせいで私の愛したあの子が死んだんだ」と責めて、まったく口をきかなくなってしまいます。

弟は苦しんで苦しんで、その苦しみのどん底で「でも僕はお母さんを愛しています」と言って、母親に抱きついてキスをするんですけど、お母さんは抱き返すこともなく、黙って家を出ていってしまう。そんな絶望的な家族ドラマが『普通の人々』です。

「どんな物語でも、子に対する母の愛だけは絶対に信じられるものとして描かれ、それを否定することはほとんどない」と、アリ・アスターは言います。『ヘレディタリー』では、その最後の逃げ場さえも壊して、徹底して観客を安全圏から引きずり出すという彼のサディズムが爆発しています。

『普通の人々』
（1980年）

人形の家

『ヘレディタリー』でアニーがドールハウス（人形の家）を作っているのは重要です。夢遊病だった彼女はもともと心理療法としてそれを始めた、という裏設定があるんです。夫スティーヴはドクターと呼ばれていますが、職場でも白衣を着ていません。精神科医だからです。２人は医者と患者として知り合ったんです。

アニーは精神科医スティーヴによってドールハウスを使った治療、つまり箱庭療法を受けました。人形やおもちゃを使って、それぞれにキャラクターを演じさせることで、本人も無自覚な心の傷などが見えてくるわけです。

「ドールハウスは、僕のいちばん好きな映画監督イングマール・ベルイマンのいちばん好きな映画、『ファニーとアレクサンデル』（１９８２年）からヒントを得ました」

アリ・アスターはそう言っています。イングマール・ベルイマンはスウェーデンの映画監督で、『野いちご』（１９５７年）、『冬の光』（１９６２年）、『第七の封印』（１９５７年）、『仮面／ペルソナ』（１９６６年）などの名作を撮り、アンドレイ・タルコフスキーやウディ・アレンなど、数え切れないほど世界の映画に影響を与えた巨匠です。

ベルイマンは常に自分と両親、自分と女性たち（5回結婚した）との個人的な関係を追求していました。彼の父親との関係が最もわかりやすいのが『ファニーとアレクサンデル』という映画です。主人公のアレクサンデルという少年はベルイマン自身で、母が再婚した牧師が異常に厳格なキリスト教徒で、神の名の下に、妻と連れ子たちを徹底的に虐待するんです。

ベルイマンの父親はルター派の牧師でしたが、教会では偉そうなことを言いながら家庭内では暴君で、妻や子どもを虐待していました。そのために、ベルイマンは神を信じられなくなりました。『鏡の中にある如く』（1961年）も『冬の光』も『沈黙』（1963年）も、ベルイマンの神に対する不信感と自分の父親に対する憎しみが絡み合っていました。中でも『ファニーとアレクサンデル』はものすごくわかりやすく「毒親」としての父が描かれます。

『ファニーとアレクサンデル』（1982年）

そのアレクサンデル少年は人形の家で、人形に家族を演じさせているんです。ベルイマンにとって、人形や映画は、一種の箱庭療法なんですね。

ガラスの動物園

もう1人、アリ・アスター監督がとても好きだと言っているのは、テネシー・ウィリアムズという劇作家です。彼の作品で特に『ヘレディタリー』に影響を与えているのは『ガラスの動物園』（1950年）ですね。これも毒親の話なんですよ。

アマンダというお母さんがいまして、昔、南部の金持ちだったんですけど、今は落ちぶれてしまって、悔しさや妬み嫉みでいつも怒鳴り散らして、自分の子どもたちに当たり散らしています。

その毒母にいじめられるのはローラという娘です。彼女は気が弱い上に足が悪くて、引っ込み思案で、働きにも出られず、引きこもりになって、適齢期を過ぎようとしている。そのローラは、ガラス細工の小さい小さい動物のミニチュアをいっぱい集めて飾っています。

それは彼女の箱庭なんですね。ガラスなのは壊れやすい彼女の心を意味しています。ローラが一番愛している動物は、実在しないユニコーンです。『ガラスの動物園』はそういう話です。ローラは、テネシー・ウィリアムズの姉ローズがモデルだといわれています。

家族という恐怖

アリ・アスターは、習作時代から家族を描いてきました。

彼は2011年に発表した短編映画『ジョンソン家についての奇妙な出来事』で注目を浴びました。この短編は黒人作家ジョンソンが思春期の息子のオナニーの現場を目撃してしまうところで始まります。「気にするな。誰でもすることだよ」そう言って、息子が見ていた写真を見ると、なんと自分の写真でした。

それだけならショートコントですが、アリ・アスターはさらに深くえぐります。たくましく育った息子はなんと父親をレイプし、脅し、支配し、性奴隷にし、ジョンソン家が血みどろで殺し合うホラー映画と化していくのです。

2013年の短編『ミュンヒハウゼン』も家族の話です。タイトルは有名なホラ吹き男爵ではなく、彼の名前を取った精神疾患、「ミュンヒハウゼン症候群」を意味します。これは周りの人々の関心や同情を引くために病気を装ったり、わざと怪我をする行動のことです。恐ろしいのは「代理ミュンヒハウゼン症候群」です。患者が自分の子どもに毒を盛って弱らせて悲劇の母親を演じたりする行為のことです。

『ミュンヒハウゼン』は、大学に進学する息子を持った母親が主人公です。息子は大学の寮に入るために家を出ていきますが、母親は寂しくて耐えられません。いわゆるエンプティ・ネスター（空の巣症候群）です。彼女は息子が家を出ていかないように、なんと毒を盛ってしまうのです。

ハリウッド映画では至上のものとされている「母の愛」が、ここでは最も恐ろしいものとして描かれています。

『鬼婆』と『怪談』

「あれも家族同士が互いを滅ぼし合う話だね」

そう言って、アリ・アスター監督は『ヘレディタリー』に影響を与えた映画として、新藤兼人監督の『鬼婆』（1964年）を挙げました。

舞台は南北朝時代。戦乱の世です。河原の掘っ立て小屋で暮らす嫁（吉村実子）と姑（乙羽信子）。息子は戦に行ったきり帰ってこない。女だけで、落ち武者を襲って、殺して、刀や鎧を奪って、それを売って暮らしている。

そこに佐藤慶扮するスケベ男が出てきて、嫁と肉体関係になる。姑は嫁を懲らしめようと鬼の面をかぶって脅すんですが、それが取れなくなってしまう。で、2人は殺し合います。

中でも逃げる嫁を姑が猛スピードで追いかけるシーンは、『ヘレディタリー』の中でトニ・コレット扮するアニーが猛スピードで長男ピーターを追いかけるシーンの元になってますね。

さらにアリ・アスターが影響を受けた日本映画として挙げたのは、小林正樹監督の『怪談』（1964年）。小泉八雲（ラフカディオ・ハーン）の原作で『耳無し芳一の話』や『雪女』などの映画化です。『耳無し芳一の話』で芳一は怨霊から身を守るために体中にお経を書かれますが、やっぱり逃れられません。『雪女』も、主人公は雪女に愛されることで奇跡的に命を救われますが、やはり約束を破ってしまって、大切なものを失います。『怪談』では、「人はどんなことをしても運命からは逃れられない」という諦念のようなものが描かれています。

ヘラクレスの試練

『ヘレディタリー』のアニーも、父が死に、兄が死んだ不幸の血統から逃れようとしましたが、娘チャーリーは悲惨な死に方をしてしまいます。

運命から逃れることはできない——それは、古代ギリシア悲劇のテーマでもありました。

妹の悲劇が起こる前、ピーターは学校で古代ギリシア悲劇についての授業を受けていました。先生が語っているのはヘラクレスの話なんです。

英雄ヘラクレスは、主神ゼウスがアルクメネという結婚前の花嫁に横恋慕して、なんと花婿に化けて妊娠させて生まれた子です。ゼウスの妻である女神ヘラはヘラクレスを憎み続けて、彼を狂わせました。ヘラクレスは自分の子どもを焼き殺してしまいます。義理の母のような存在であるヘラから憎まれるヘラクレスは、アニーに憎まれるピーターと重なります。

そして、ヘラクレスは呪いを解くために十二の試練を受けることになります。九首龍ヒドラとか地獄の番犬ケルベロスとかと戦う旅に出る。その試練をヘラクレスはあえて選びました。英語では、あえて厳しい道を選ぶことを「ヘラクレスの選択（The Choice of Hercules）」と呼びます。

ピーターの先生は「ヘラクレスに選択の余地はあっただろうか？」と生徒に問いかけます。すると生徒たちが「いやあ、彼、他に選びようがなかったじゃないですか」「逃げようがなかったじゃないですか」と話し合うんですが、ピーター君は前の女の子のお尻しか見ていないから全然聞いていません。ちゃんと聞いとけよ！

イピゲネイア

後半でも、授業のシーンがあります。そこで先生が話しているのもギリシア悲劇についてです。ここで出てくるのはイピゲネイアの話なんですよ。

イピゲネイアは、古代ギリシアの英雄アガメムノンの娘、お姫様です。アガメムノンは、有名なトロイ戦争に船団を引き連れて出兵しますが、風がぴたりと止んで、帆船が立ち往生しちゃったんです。その理由は、アガメムノンがうっかり、女神アルテミスが可愛がっていた聖なる鹿を射殺してしまったので、アルテミスの罰を受けたんです。

このまま出帆できないと兵士たちが反乱を起こしてしまう。そこでアガメムノンは、自分の娘イピゲネイアをアルテミスへの生贄に捧げました。親父の失敗のために娘が犠牲になるなんて実に嫌な話ですが、ヨルゴス・ランティモス監督の『聖なる鹿殺し　キリング・オブ・ア・セイクリッド・ディア』（2017年）のモチーフにもなっています。

このイピゲネイアの悲劇も、ピーターとチャーリーの運命を暗示しています。

ギリシア悲劇は、運命に対する人間の無力さを描いていますが、同時に家族の話でもあります。だから国境や時代を超えて通じるものがありるんです。ベルイマンやテネシー・ウィリアムズが自分と家族の問題を徹底的に描き続けることで、国境や時代を超えているのと似ています。

仕組まれた悲劇

アニーもピーターも、チャーリーの突然の死に苦しみます。でも、映画を見直すと、実はその死は最初から仕組まれているのがわかります。

まず、いくつも伏線が張られています。チャーリーは鳥や人形の首をハサミで切るだけでなく、ナッツアレルギーなのにわざとナッツ入りのケーキを食べたようにも見えます（パーティで子どもの1人がYouTubeでギロチンで人の首を切断する映像を観ています。あれはフランスでフェルナンド・ゼッカという人が撮った『ある犯罪の物語』〈1901年〉というタイトルの短編サイレント映画）。

冒頭、葬られる祖母エレンの遺体がつけているペンダント、アニーはそれを母の形見として葬儀の際に身につけています。そして、ピーターがチャーリーを連れてパーティに行く時、通り過ぎる電柱に、そのペンダントと同じ紋章が描かれています。帰り道で、その電柱にチャーリーは首をもがれます。その運命は何者かの計画の一部だったのです。

実はその計画の黒幕は、冒頭で死んだ母エレンでした。

地獄の王ペイモン

アニーは近親者を失った者のセラピーで、ジョーンという女性に出会い、彼女に勧められてチャーリーの霊を呼び出すための降霊会を始めます。このあたりから、『ヘレディタリー』は再びオカルト映画に戻ります。

ジョーンは実はカルト教団のメンバーで、そのリーダーはアニーの母エレンでした。

エレンのペンダントはペイモンという悪魔の紋章でした。大昔から中東や欧州各地の人々は土着の神々を信仰していましたが、キリスト教が中心になることで、それらの神々は「邪教の神々」「悪魔」とされていきました。でも民間で密かに信仰は続いていて、それが魔女の儀式と呼ばれたりもしました。それらを調べて集めた『悪魔学大全』（青土社）という、どこまで本当でどこから創作だかわからない本もあります。

ペイモンはその『悪魔学大全』に書かれている悪魔というか神で、地獄の王であり、知恵と富の神だといいます。母エレンはペイモンをこの世に復活させるためにまず夫の体を使おうとして夫を死なせ、次にアニーの兄の体を使おうとして、兄を死なせていたのです。

アニーが狙われなかったのは、ペイモンの完全な復活には男性の体を必要とするからだそうです。ところがペイモンはチャーリーとして生まれてしまったので、いったん死んで、ピーターの体を乗っ取ろうとしたというのです。

ローズマリーの赤ちゃん

現代のアメリカの中産階級の人々が密かに悪魔を復活させようとする、という話は、『ローズマリーの赤ちゃん』がそうですね。

ニューヨークの高級アパートメントに住む若妻ローズマリー（ミア・ファロー）が妊娠しますが、アパートの住人たちが自分に悪魔の子どもを産ませようとしているという恐怖を抱いていきます。観客にとっては、妊娠ノイローゼによる妄想にも見えます。ところが最後、彼女の疑いが全部事実だと判明し、生まれてきたのは本当に悪魔の子どもでした。

でも、『ローズマリーの赤ちゃん』が本当に衝撃なのはその後です。サタンの子ども、つまり世界を滅ぼすアンチ・クライストを、ローズマリーは聖母マリアのように愛しげに抱くんです。それはハッピーエンドのようにも見えます。

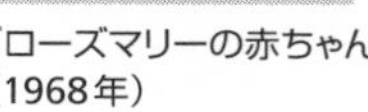

『ローズマリーの赤ちゃん』（1968年）

同じように『ヘレディタリー』も、ピーターにペイモン（チャーリー）の魂（光で表現される）が宿って、王として祝福されるという、ハッピーエンド？　で終わります。

その場所はチャーリーが好きだったツリーハウス（木の上の小屋）で、カメラが引くと、人形の家というか、キリストが生まれた馬小屋のように見えます。これはアンチ・クライストの誕生なんです。

セラピーとしてのホラー

しかし、アリ・アスターはなぜ、こんな映画を作ったのか？

「ぼく自身のセラピーです」

彼は様々なインタビューでそう語っています。この『ヘレディタリー』という映画自体が、彼にとっての箱庭療法なんだと。

彼の家族にいったい何があったのか？

それはプライバシーだから、彼は答えていません。ただ、僕がインタビューした時は、こんな話をしてくれました。

「この映画を、〝狂気が遺伝する話〟と誤解されると困るけれど、ある種の病気は確かに遺伝する。たとえばガン体質とか」

ただ「母との関係は良好だし、弟も元気だよ」とは言ってました。

監督は『ヘレディタリー』のエンディングは、一種のハッピーエンドだよ」とも言っていました。実際、エンディングにはさわやかでハッピーな歌が流れます。ジュディ・コリンズがジョニ・ミッチェルの曲をカバーした「Both Sides Now」です。この曲名は「今は両方とも」という意味です。

歌詞は、飛行機で空に上がったら雲の裏側、空に面した空側が見えて、今までのような狭い視野に囚われないものの考え方ができるようになった——という内容です。

ピーターはチャーリーを死なせてしまったことに苦しんだけれども、それもチャーリーが王として生まれ変わるために仕組んだことだと知れば、ピーターも罪悪感から解放される、ということでしょうか？　人は運命からは決して逃れられない、運命の操り人形なんだと思えば、不幸や悲劇が降りかかってきても自分や他人を責めずにあきらめられる、ということでしょうか？

アリ・アスターの言葉を信じれば、『ヘレディタリー』は自分と家族の個人的な問題をホラーの形にした映画ですが、彼はこれを作ることで自分の運命を切り拓いたので、自由意思は運命を突破できるとも思いますし、それもまた運命で、ペイモンの紋章はどこかに刻まれているんじゃないか……とか、いろいろ考えさせられますね。

Possession

世界を滅ぼすほどの悲痛な叫び

『ポゼッション』

1981年／フランス、西ドイツ
監督 アンジェイ・ズラウスキー
出演 イザベル・アジャーニ、サム・ニール、マルギット・カルステンセン、ハインツ・ベネント

買い手がつかないほどの不可解な映画

「ああああああああああああ！」

あの清楚な美人女優イザベル・アジャーニが絶叫しながら地下鉄の通路でのたうちまわり、

買い物袋の中に入っていた卵や牛乳や生肉をぶちまけ、それを全身に浴びて、嘔吐し、白目をむいて、股間から得体のしれないものを産み落とす。さらには、タコのような得体のしれない生物とセックスして恍惚とする。

ポーランド出身の監督、アンジェイ・ズラウスキーの『ポゼッション』は1981年5月、カンヌ映画祭に出品されてセンセーションを巻き起こしました。

イザベル・アジャーニは当時、人気絶頂でした。フランソワ・トリュフォー監督『アデルの恋の物語』（1975年）で文豪ヴィクトル・ユーゴーの娘アデルを演じ、失恋から狂気に陥る演技で世界的に評価され、ウォルター・ヒル監督『ザ・ドライバー』（1979年）のミステリアスな美女役でハリウッドデビューし、美しさと才能を兼ね備えたスターとして世界的に活躍していました。それがなんでこんなゲテモノ映画に出演するの？　世間は首をかしげました。

アジャーニはこの『ポゼッション』でカンヌ国際映画祭女優賞に輝きましたが、日本での初公開は1988年の東京ファンタスティック映画祭。映画が封切られたのが1981年なので、なんと7年間も公開されなかったことになります。僕も東京ファンタスティック映画祭で初めて観ましたが、公開が延びていた理由がよくわかりました。アジャーニの怪演以上に困ったのは、この映画、ジャンルが次々に変わるんです。前半は離婚する夫婦の心理劇として始まり、中盤はホラー、そして後半はスパイ・アクション……。あまりにもわけがわからないので、日本の配給会社で買い手がつかなかったんですね。

あれから30年が経ちました。その間に僕は、ズラウスキー監督のインタビューや、DVDの副音声解説、脚本などを参照しまして、ようやく『ポゼッション』という映画の意味がわかりました。これは、1人の男の、世界を滅ぼすほどの、悲痛な叫びだったのです。

東西を隔てる壁

『ポゼッション』は、東西冷戦時代の西ベルリンで撮影されました。映画は当時ベルリンを東と西に分けていた壁のアップから始まります。主人公のマルク（サム・ニール）が海外出張から帰ってみると、若く美しい妻アンナ（イザベル・アジャーニ）の態度がなぜか冷たいんです。妻は何かに取り憑かれたように、まるで別人になっています。タイトルの「ポゼッション」とは「憑依」という意味ですね。

主人公マルクを演じるのはサム・ニール。『ジュラシック・パーク』（1993年）の恐竜学者役で知られていますが、この人、よく見ると目に狂気がありまして、『オーメン／最後の闘争』（１９８１年）で悪魔の子ダミアンを演じていますし、『マウス・オブ・マッドネス』（１９９４年）でも狂気に落ちていきます。

マルクは海外出張から帰ってきて、何かを上司に報告しています。彼は報酬として莫大な額の現金を受け取りますが、その仕事の内容はよくわかりません。彼の上司はロボットのように表情がなく、人間味のない高層住宅のオフィスで、マルクを尋問しています。撮影は西ベルリンなのに、この上司は、どう見ても東ドイツやソ連など社会主義国の官僚にしか見えません。

実はこれは、ズラウスキー監督の現実を反映しています。

ズラウスキーはポーランドの問題児でした。母国ポーランドで撮った『悪魔』（１９７２年）では、18世紀、プロシアに侵攻されたポーランドを舞台に凄まじいセックスとバイオレンスを描いて、当時の社会主義政権から上映禁止にされました。そのため次の作品はフランスで撮影しましたが、１９７７年には母国に戻り、自分の叔父イェジー・ズラウスキーのＳＦ小説『銀球で』を映画化しようとしました。銀球というのは月のことで、月に植民した人類の物語なんですが、ポーランド政府は政府を批判する作品だと考えて撮影を妨害し、最終的に中止させました（後にズラウスキーはフィルムの断片を編集して1988年に『シルバー・グローブ／銀の惑星』という作品にまとめています）。

ポーランドでは映画が撮れなくなったズラウスキーに、ハリウッドの映画会社パラマウントが出資するから映画を撮らないかと声をかけました。それでズラウスキーはニューヨークに渡り、アメリカ人の脚本家と共にシナリオを書きました。それが『ポゼッション』の原形です。

そして、ポーランドに帰ろうとしたら、政府から国外追放処分にされてしまいました。帰る国を失ったズラウスキーは西ベルリンで『ポゼッション』を撮影しました。冒頭のベルリンの壁のショットは、その彼方に、ズラウスキー自身がもう帰れない祖国を見ているのでしょう。

妻に捨てられた悲しみ

主人公マルクが妻アンナに離婚されるのも、ズラウスキー監督の実体験です。彼の元妻、マウゴジャータ・ブラウネックは、ズラウスキーの『悪魔』にも出演している女優でした。

マルクは、妻アンナがハインリヒというヨガのインストラクターと浮気していることに気づきます。ズラウスキーの妻マウゴジャータの浮気相手、アンジェイ・クラジェウスキーもヨガの教師でした。ズラウスキーは、『ポゼッション』の副音声コメンタリーなどで「俺の女房を寝取ったクラジェウスキーは東洋思想のニューエイジなオカルト野郎、禅野郎、ヨガ野郎だ！」と怒りまくっています。

妻に捨てられたマルクは何日も泣き続けます。風呂にも入らず、髭も剃らず、食事もせずに酒に溺れて……これもズラウスキーのリアルな体験なのでしょう。

2人の間には息子がいますが、アンナは育児を放棄して、家にはたまにしか帰ってきません。カッとなったマルクは彼女を殴ってしまいます。殴られたアンナは口から血を流したまま表に出ていって、車道に飛び出し、そこに突っ込んできたトラックがクラッシュしても怯えもしません。このあたりのアジャーニの演技は、鬼気迫るものがあります。

マルクが息子を学校に連れていくと、担任の教師ヘレンはなぜかアンナそっくりです（イザベル・アジャーニの一人二役）。ただ、アンナと違ってヘレンは瞳がエメラルドグリーンで、真っ白なワンピースに三つ編みのおさげ髪の、清楚な女性です。アンナの方はいつも同じ紺のワンピースを着ていて、1回も着替えないので、映画の終わりの方ではドロドロになります。天使のように美しく優しいヘレン先生は、ズラウスキーの理想の女性のように美しくソフトフォーカスで撮影されています。つまり、彼女はかつて優しかった頃の妻なんです。

アンナ・カレーニナ

マルクは妻の浮気相手ハインリヒの家を突き止め、そこに押しかけ、殴りかかります。でも、ハインリヒは東洋系の体術も習得しているらしく、マルクはあっさりと返り討ちにされます。おまけに「君は奥さんをセックスで満足させていたのか?」と嘲笑され、とことん情けない。サム・ニールはジェーン・カンピオン監督の『ピアノ・レッスン』(1993年)でも妻を寝取られる哀れな夫を演じてましたね。

哀れなマルクはアンナを責めますが、彼女は「ええ、私はひどいわ。あなたはいつも正しい。私は売女(ばいた)で結構よ」と開き直る。これはいちばん怖いですね! マルクは泣いて妻にすがります。ここでね、アンナが笑い出すんですよ。「あなた、本当にバカね」と言わんばかりに。

この笑い、いろんな映画を思い出します。たとえば、『レボリューショナリー・ロード/燃え尽きるまで』(2008年)。妻の気持ちをまるで理解できない夫(レオナルド・ディカプリオ)を、妻(ケイト・ウィンスレット)が思わず笑ってしまう場面。またはノア・バウムバック監督『イカとクジラ』(2005年)。夫(ジェフ・ダニエルズ)が「なぜ離婚されるのかわからない」と言うのを聞いて妻(ローラ・リニー)が思わず噴き出してしまう場面。

それらの根底にあるのは、トルストイの『アンナ・カレーニナ』だと思います。アンナ・カレーニナが若くハンサムな男と浮気していると知った夫カレーニンは泣きながら妻を責めますが、「苦しんでるんだ」を「くりしんでるんだ」と言ってしまう。するとアンナは残酷にも、思わずププッと笑いそうになるんです。

実際、『ポゼッション』のアンナは、『アンナ・カレーニナ』なんです。公表されているシナリオでは、完成した映画には出てこない「エイブ」という人物がマルクに「昔、トルストイという作家が、非常に自分勝手な女が浮気する話を書いた」と言うんです。「だが、読者がそのヒロインに同情するよう、共感を呼ぶように書き上げたんだ」。

つまり、『アンナ・カレーニナ』を捨てられる夫の側から描いたのが『ポゼッション』だったというわけです。

コミュニケーションの壁

でも、それだけでは東京ファンタスティック映画祭で上映されません。リアルな離婚劇として始まった『ポゼッション』は、中盤からホラー映画になっていきます。

アンナが夫に罵倒されながらミンチ機でひき肉を作るシーンは、怖くて見ていられません。

アンナがそのまま自分の手をミンチにするんじゃないかとハラハラするんですよ。それでもマルクが「どうして俺を捨てるんだ！」と責め続けると、アンナは電動包丁を自分の首に当てて、血が飛び散ります。

『ポゼッション』はアメリカで「ホラー版の『クレイマー、クレイマー』」と呼ばれました。『クレイマー、クレイマー』（1979年）では主人公のダスティン・ホフマンがある日突然、妻（メリル・ストリープ）から「離婚したい」と言われます。そして息子の養育権をめぐる裁判になるんですが、妻が離婚したい理由は明確に描かれません。つまり夫の視点から描いているので、多くの離婚がそうであるように、なぜ妻が出ていくのか、夫は理解できてないんです。「他に好きな男ができたのか？」と怒りますが、妻からすれば、他に男がいようといまいと大して違いはありません。まず夫を愛せなくなったのが最大の原因ですから。

『ポゼッション』では、あちこちの場面にベルリンの壁がそびえ立っていますが、男と女のコミュニケーション障害の象徴のように見えます。

『クレイマー、クレイマー』（1979年）

もう1人の浮気相手

後半、アンナには、ハインリヒの他にも浮気相手がいることがわかります。マルクが興信所に依頼してアンナを尾行させると、彼女はクロイツベルクというベルリンのトルコ人地区にある荒れ果てたアパートに入っていきます。彼女の部屋に入った探偵は、グニュグニュと蠢(うごめ)く内臓の塊のような生物を見ます。得体のしれない生物の、エメラルドグリーンの目だけが輝いています。探偵が戦慄していると、アンナに刺し殺されてしまいます。

同僚が帰って来ないことを心配した他の探偵がその部屋に行くと、さっきの内臓の塊のようなものは、人間とイカを合成したような生き物（クリーチャー製作：カルロ・ランバルディ）に進化しています。その探偵もアンナに殺されます。

アンナはまた家に帰ってきて家事をするんですが、汚れた洗濯物を冷蔵庫に入れたり、めちゃくちゃです。目をギョロッとむいたアンナは、自分に何があったのか初めてマルクに説明します。

Faith-UChance

回想の中でアンナはカトリックの教会に入り、十字架のキリストを見上げるうちに、突然股間を押さえて悶え始めます。それを見下ろすキリスト。どう見てもキリストによるレイプです。

その後が例の嘔吐シーンです。アンナは地下鉄の通路に入り、買い物袋をぶちまけて卵と牛乳まみれになります。床に座り込んだ彼女の股間からスライム状のものが大量に噴き出します！　つまり、探偵が彼女のアパートで見た謎の生物は、アンナがこの時産み落としたものだったのです。

アンナはマルクに説明します。

「私はFaith（信仰、貞節）を流産して、代わりにChance（チャンス）を孕んだの」

このセリフは、アンナがめちゃくちゃな家事をしたり、買い物袋を叩きつける行動の後に出てきます。つまりアンナは貞淑な妻でいることを「流産」し、自由に生きるチャンスをつかもうとした。そのチャンスをあの部屋で育てているのです。

アンナがそう話している時、背後にレーニンの写真が見えます。この場面は、ズラウスキーがポーランドで妻に別れる理由を告げられた時の記憶の再現だからです。

アンナと瓜二つのヘレン先生もマルクにこう言います。

「あなたの奥さんにとっての自由は、あなたにとって悪に見えるのよ」

このセリフでわかるのは、ズラウスキーも離婚の原因を理性では理解しているということ。

でも、感情では受け入れられないのです。妻に捨てられた惨めさ、他の男に寝取られた悔しさ、母国ポーランドに捨てられた悲しさが入り混じって渦を巻き、『ポゼッション』はズラウスキーの願望が噴き出したような怒涛のクライマックスになだれ込みます。

監督自身の願望

マルクは、ハインリヒに「アンナにはお前の他に男がいるぞ」と、彼女の住所を教えます。教えられた部屋でハインリヒはあのイカのような生物の第三形態を見ます。ほとんど人間に近くなっていますが、顔には例のエメラルドグリーンの目と小さな口があるだけで鼻も髪の毛もありません。驚いているハインリヒを、アンナはがっかりしたように「あなたも他の男と変わらないのね」と言ってナイフで刺します。

アンナに刺されたハインリヒが近くのパブに逃げ込むと、そこにマルクがやってきて、重傷のハインリヒに怒りの鉄拳を叩きつけます。トイレの水槽の蓋で頭を叩き割り、ハインリヒの顔を便器につけて殺します。さらに、アンナが謎の生物と暮らしているアパートをガス爆発で吹き飛ばします。このへんはもう単にズラウスキーの願望の映像化ですね。

こういう映画はいくつかあります。デヴィッド・クローネンバーグ監督の『ザ・ブルード／怒りのメタファー』（1979年）も、最初の妻と離婚して娘の親権を争った体験を元にした映画で、クライマックスは主人公が妻を絞め殺すシーンでした。映画自体が監督自身の怒りのメタファーなんですね。

また、ジャン・リュック・ゴダールは妻アンナ・カリーナがモーリス・ロネと浮気して、離婚した際、そのカリーナ主演で『気狂いピエロ』（１９６５年）を撮って、最後はカリーナとその愛人を射殺します。

でも、アンナは死にません。その後、マルクが夫婦の共通の友人マギットのアパートに行くと、アンナがいて、さらに進化したイカ人間に抱かれています。抱かれながらアンナは「Almost」つまり「もう少しよ」と言います。何がもう少しなのか？　実はこのイカ人間、映像を止めてよく見ると、ある人物にそっくりなんですよ。

マルクはベルリンの壁の近くで例の上司と会って、何かのミッションを命じられますが、拒否します。このあたりから、『ポゼッション』は東西冷戦時代のスパイ映画、００７シリーズのようなムードに変わります。

アンナはなぜかマギットを殺し、アパートは警察に囲まれます。タクシーでそこに来たマルクが運転手に「このまま警察の車に突っ込んでくれ！」と言うと、タクシーの運転手はなぜか

「面白いですね！　やりますよ！」とか言いながら一瞬で協力して、そのまま突っ込んでパトカーが大爆発……なんだ、このアホな展開は……と思っていると、マンガみたいなアイパッチをした刑事との銃撃戦が始まったり、マルクがバイクでザーッとスライディングして立ち上がったりします。お前は『ワイルド・スピード』か！　このへんはズラウスキーの「こんな風にポーランドのクソ官僚どもと戦いたかったなぁ」という妄想全開ですね。

ズラウスキーはもともと『ポゼッション』の舞台をポーランドにしたかったんです。最初のコンセプトは、「ワルシャワで1人の女性がアパートの一室で密かに怪物を育て始める」というものでした。この怪物は「作品」のメタファーで、政治的な圧力のせいで自由に作品を作れない状況を比喩したストーリーでした。そこにズラウスキーが妻に離婚されたことが絡んで『ポゼッション』になりました。だから資本主義の西ベルリンで撮っているにもかかわらず、登場する警察やマルクが勤務する謎の組織は、なぜか社会主義国の秘密警察のように描かれているんですよ。

ジェイコブズ・ラダー

銃撃戦で被弾したマルクは出血しながら、あるアパートに逃げ込んで螺旋階段を上っていきます（シナリオでは、このアパートの最上階に、マルクの友人エイブが住んでいる）。

螺旋階段の天井は天窓になっていて、光が降り注いでいます。ズラウスキー監督は副音声コメンタリーで「この階段はいわゆる〝ジェイコブズ・ラダー〟だ」と言っています。ジェイコブズ・ラダーとは、旧約聖書でヤコブが夢に見た、天国に上る梯子（はしご）のことです。

その天国への階段を血みどろのマルクが這い上っていくと、下からアンナが上がってきます。なんともう1人のマルクを連れて。よく見ると、そのマルクは生まれたばかりみたいにつるつるピカピカ、しかも目がエメラルドグリーンなんです。「完成したわ」とアンナは言います。つまり、あのイカ生物の完成形はマルクだったんです。ヘレンがマルクにとって「理想の妻」だったように、アンナは「理想の夫」を作っていたわけです。

そこに武装警察隊がなだれ込み、マルクとアンナに向けて発砲、2人は全身に弾丸を受けて倒れます。階段の最上階、つまり天国にたどり着けないまま、2人は「愛してる」と言ってキスしながら息絶えます。これがズラウスキーの夢見たハッピーエンド。共産主義国家と戦って、アメリカン・ニューシネマのヒーローとヒロインみたいに愛し合いながらロマンチックに死んでいくわけです。

しかし、この銃撃に巻き込まれても、新生マルクは死にません。人間ではないから。彼がそのまま最上階まで上がっていくと、女の人が待っています。彼女について説明がないんですが、元のシナリオにあったマルクの友人エイブの妻です。新生マルクは、彼女を踏み台にして天に昇っていきます。もともと彼は、キリストに犯されたアンナが生んだものですから。

人を「所有する」ことはできない

驚いたことに、映画はまだ続くんです。

場面はどこかのアパートに移ります。あの天使のようなイザベル・アジャーニ、つまりヘレン先生の自宅です。理想の妻であり母であるヘレンは、両親を失ったマルクの息子ボブを引き取って育てています。するとアパートのドアを誰かがノックします。磨りガラス越しに見えるのはマルク……いや、瞳がエメラルドグリーンだから、さっき天に昇った新生マルクです。「それはお父さんじゃないよ！」とボブが叫びます。「偽物だから開けちゃダメ！」そう言うなり、ボブはお風呂場のバスタブに飛び込んで自殺してしまいます。

爆音が聞こえます。爆撃機かミサイルの来襲のような爆音。空襲警報のようなサイレン。まるで第三次世界大戦の始まりのようです。『ポゼッション』が作られた1981年はロナルド・レーガンがアメリカの大統領になった年で、ソ連に対する強硬策を打ち出し、米ソが軍事的に対立し、核戦争による世界滅亡の危険が迫っていました。

その破滅感は、ズラウスキー個人の絶望と結びついています。米ソのようにマルクとアンナは対立し、その間には決して越えられない壁があります。ヘレンのアパートに入ろうとする新生マルクもドアに阻まれて入れません。彼に背を向けたヘレンは、カメラを見て、エメラルドグリーンの目で微笑みます。『アンナ・カレーニナ』の笑いです。

結局、マルクは生まれ変わってもアンナを自分のものにすることはできませんでした。夫は妻を、そもそも誰も誰かを所有することはできません。『ポゼッション』には「所有」という意味もあります。

『ポゼッション』は、夫婦間の亀裂を東西冷戦に重ねて描いた映画でした。ズラウスキーはその後、フランスでソフィー・マルソーと愛し合い、マルソー主演で『狂気の愛』（1985年）などを作ります。最初の妻マウゴジャータはアンジェイ・クラジェウスキーと再婚し、2人は生涯仲睦まじく暮らしましたとさ。

Le Locataire

隠されたホロコースト

『テナント／恐怖を借りた男』

1976年／フランス
監督 ロマン・ポランスキー
出演 ロマン・ポランスキー、イザベル・アジャーニ、メルヴィン・ダグラス、ジョー・ヴァン・フリート、ベルナール・フレッソン

幻の下宿人

1976年のロマン・ポランスキー監督の『テナント／恐怖を借りた男』は、パリで、前のテナント（間借り人）が飛び降り自殺したというアパートの部屋に引っ越してきた男（ポラン

スキー自身）が主人公です。そんな部屋は縁起が悪いけど、家賃が安いから借りたんですが、彼は周囲の住民にだんだん追い詰められて、精神的に壊れていきます。

ポランスキーの映画はどれもエロチックで、血まみれで、観ているうちに神経がおかしくなってくるような作品ばかりですが、その中でも最も彼自身の心の叫びのような映画が、この『テナント』です。

『テナント』は、日本では劇場公開されず、ビデオで初公開されました。観ても「よくわからなかった」という人も多いと思います。日本のレビューとかを見ていると「フランツ・カフカ的な不条理な恐怖、不安を描いたサイコ・ホラーである」という紹介のされ方が多いですね。けれども、それは表面的なことで、本当はとある具体的な歴史的事実についての物語なんです。

『テナント』の原作は『幻の下宿人』という書名で邦訳も出ていた小説です。作者はローラン・トポールというフランスの絵描き兼作家です。トポールは『ファンタスティック・プラネット』（1973年）という奇妙なアニメ映画の脚本とキャラクター・デザインを担当しています。別の惑星が舞台で、地球人に似たオム族が、ドラーグ族という巨人たちにペットとして扱われていて、ドラーグ族は毒ガスでオム族を虐殺します。

ローラン・トポールは『マゾヒストたち』という画集も出しています。自分で自分をいじめている人たちの1コマ漫画集です。たとえば、男が1人でおろし金で自分の顔をガリガリ擦っていたり。

ローラン・トポールの『ファンタスティック・プラネット』と『マゾヒストたち』と『幻の下宿人』には作者自身のトラウマが反映されています。それは『テナント』を監督したロマン・ポランスキーと共通する体験なのです。

『ファンタスティック・プラネット』（1973年）

ホロコーストを生き延びて

ロマン・ポランスキーは非常に数奇な運命をたどった監督です。彼は1933年にフランスのパリで生まれましたが、お父さんもお母さんもユダヤ系のポーランド人で、ポランスキーが赤ん坊の頃、家族でポーランドに戻りました。しかし彼が6歳になった1939年、ポーランドはナチス・ドイツに占領されます。ユダヤ人はゲットーに押し込められ、1943年にホロコーストが始まります。父親も母親も絶滅収容所に送られますが、10歳のポランスキーはたった1人で逃げます。そして野生児のようにサバイバルしたんです。途中、何度も密告されたりして見つかって殺されそうになりました。

1945年、戦争が終わった時には、ポーランドに住んでいたユダヤ人の9割が殺されていました。ポランスキーの父は助かりましたが、母はアウシュヴィッツ収容所で殺されています。この体験はポランスキーの心に一生消えない傷を残しました。

28歳の時、ポランスキーは『水の中のナイフ』（1962年）で映画監督として世界的な評価を得ました。金持ち夫婦がヨットで遊んでいて、貧しい若い青年を乗せるんですが、奥さんが青年と浮気をするという話で、社会主義国ポーランドにはないことになっている貧富の差を描いています。そのため、ポーランド国内ではポランスキーの立場が悪くなって、彼は自由な映画作りができる環境を求めてフランスに行きました。ところがフランスの映画界は、もともとフランス生まれのポランスキーをポーランド国籍だからと受け入れなかったんです。

そこでポランスキーはイギリスに渡り、『反撥』（1965年）を撮ります。カトリーヌ・ドヌーヴ扮するベルギー系の女性がロンドンのアパートでセックスに対する怯えから精神を崩壊させていく映画です。これはデヴィッド・リンチの『イレイザーヘッド』（1977年）に大きな影響を与えています。

1967年、『ロマン・ポランスキーの吸血鬼』（1967年）で、もともと俳優でもあったポランスキー自身が吸血鬼ハンターの助手を演じました。コミカルな臆病者の演技がうまいんですね。彼は、それで共演したハリウッド女優シャロン・テートと結婚します。

翌年、ポランスキーはハリウッドに呼ばれて『ローズマリーの赤ちゃん』（１９６８年）というホラー映画を撮ります。ニューヨークのアパートで、妊娠した若妻（ミア・ファロー）が「私のお腹の中にいる子はもしかしたら悪魔の子じゃないか？　このアパートに住んでる金持ちの住人たちはみんな悪魔教の信者じゃないか？」と、ノイローゼになっていく話で、『反撥』と似ていますね。

ハリウッドから追放

『ローズマリーの赤ちゃん』が大ヒットして、ポランスキーはハリウッドに豪邸を構え、奥さんも妊娠し、幸福の絶頂でしたが、１９６９年8月、ポランスキー留守中の自宅にチャールズ・マンソン率いるカルト集団が押し入り、妊娠中のシャロン・テートをめった刺しにして殺しました。クエンティン・タランティーノの『ワンス・アポン・ア・タイム・イン・ハリウッド』（２０１９年）は、この事件についての映画でした。

想像できる限り最悪の惨劇を経験したロマン・ポランスキーは、しばらく休養した後、シェイクスピア劇『マクベス』（１９７１年）で監督業に復帰しますが、妻が殺された怒りをぶちまけたような血の洪水、生首がゴロゴロ転がるスプラッター映画で、成人指定になってしまいました。

1974年の『チャイナタウン』はハードボイルド探偵ものの傑作でしたが、ポランスキー扮するチンピラが探偵役のジャック・ニコルソンの鼻をナイフで切り裂いたり、ヒロイン役のフェイ・ダナウェイが目を撃たれて死んだり、やはり血みどろの惨劇描写が強烈でした。

1976年、ポランスキーはフランスで、再び自ら主演して『テナント』を撮りました。『反撥』『ローズマリーの赤ちゃん』と同じ、アパートメント・ホラーです。

この『テナント』を撮った後、ポランスキーはアメリカで逮捕されます。容疑は当時13歳の少女との淫行罪。被害者の少女はポランスキーと示談しています。彼女は当時13歳にもかかわらずエロチックな写真のモデルをしていて、すでに処女ではなかったと証言しています。

ポランスキーは最悪の場合、アメリカで懲役50年の刑になる可能性があったので、保釈中にヨーロッパに逃げました。それから40年ぐらい経っているわけですが、今もアメリカの警察はポランスキーの指名手配を取り下げていません。だからポランスキー自身は、アメリカに戻れないんです。

ユダヤ人としてホロコーストで両親を殺され、ハリウッドで妻と子を殺され、ロリコンとしてアメリカから逃げ……と、まあ大変な人生を生きてきたのがポランスキーです。それを知ってからでないと、この『テナント』の意味はわかりません。

前の下宿者が飛び降りた部屋

『テナント』は、ポランスキーがパリの安アパートにやってくるところから始まります。彼はトレルコフスキーというポーランド人の役で、安い部屋が空いているというので借りに来たわけですが、この部屋ではその前の間借り人が窓から飛び降りて自殺を図ったと言われます。「ほら、ここから落ちたのよ。見て！」と、アパートの管理人（シェリー・ウィンターズ）に言われて窓から下を覗くと、一階にあるひさしに、彼女が開けた穴が開いたままになっている。「ここのアパートは静かにしてもらわなきゃ困るのよ。絶対に騒がないでね。女の人を連れ込んだりとか、夜中に音楽を流したりとか、絶対にしちゃダメよ！」と言われるんですが、トレルコフスキーはおどおどと愛想笑いを浮かべて「いや、僕はそんなことしません。僕はおとなしい人なんです。皆さんにご迷惑をおかけすることは絶対にありません」と言います。

飛び降りた女の人はシモーヌといって、彼女が「実はまだ生きている」と聞かされたトレルコフスキーは病院にいるシモーヌを訪ねます。彼女は包帯で全身ぐるぐるに巻かれて、片目と口だけが開いています。これはおそらく、あの『ゾンゲリア』（1981年）で、ガソリンをかけられて焼かれた主人公が片目以外は全部包帯だらけになるシーンの元ネタだと思います。

病院でトレルコフスキーは泣いている美女ステラに会います。演じているのはイザベル・アジャーニ。この頃は、もう輝くような美しさですね。話を聞いていると、彼女はシモーヌと恋愛関係にあったらしいんです。

気の弱いトレルコフスキーは、なぜか彼女に誘われるみたいにしてデートすることになっちゃうんですよ。ステラ（イザベル・アジャーニ）は、何を考えているのか全然わからない美女なんです。

燃えよドラゴン

デートに行く途中が面白い。ホームレス風の人がものすごく偉そうに「俺、アーティストなんだけど、お金を援助してくれない？」って言ってくるんです。トレルコフスキーがおどおどと財布を開けて「す、すみません、小銭、ないんですけど」って言うと、「あんたさ、彼女の前でカッコ悪いところ見せたくないんだから、そっちの札くれよ！」とかって言って財布のお札を全部持っていっちゃう。トレルコフスキーが情けない声で「ああ、お金、持ってかれちゃった……」と言うと、ステラから「あんな物乞いなんかにお金をやることないのよ！ほんと気が弱いわね、あんた！」と叱られる。このあたりは実に情けなくておかしくて。気が弱い人間にとっては「あぁ、わかる、わかる！」と苦笑いのシーンが続きます。

その後のシーンが最高なんです。ステラと歩いてるトレルコフスキーが、「うっ！」ってつぶやいて、その後、足を地面にこすりつけるんですね。ジャリジャリジャリ……って。犬のウンコを踏んじゃったんですね。昔のパリって、本当に犬のウンコだらけだったんですよ。

せっかくイザベル・アジャーニみたいな美女と歩いてるのに、もうむちゃくちゃ気まずい。このへんは実にチャップリン的で、ポランスキーも情けない容貌なんで、本当に身につまされるようなおかしさです。

2人は映画館に入って、気弱な男が観る映画としては最高の1本を観ます。『燃えよドラゴン』（1973年）！　ブルース・リーが、脇役だった頃のジャッキー・チェンと地下牢で戦うシーンを観て、トレルコフスキーは「ああ、僕もこんなに強かったらなぁ」って顔をしているわけです。

このシーンには深い意味があります。ロマン・ポランスキーはハリウッドにいた頃、ブルース・リーと知り合いだったんです。奥さんのシャロン・テートが『サイレンサー第4弾／破壊

『燃えよドラゴン』
（1973年）

部隊』（1969年）に出演した時、ブルース・リーに武術指導を受けた縁です。だから当然、ポランスキーはブルース・リーを見ながら亡き妻を思い出してるんでしょうね。

ところが、隣に座っているイザベル・アジャーニが手を伸ばしてきてトレルコフスキーの股間を、股間のロマンをつかむんですね。トレルコフスキーはびっくりするんですけど、彼女は体を擦り付けてくる。さらにトレルコフスキーにおっぱいをもませるんです。彼は夢みたいだな、という顔で思わずキスしちゃう。そこで、後ろに座っている明らかにイケてないおっさんと目が合っちゃうのがもうおかしくて。

で、この後、どうなるの？　とトレルコフスキーがドキドキしてると、ステラは「じゃあね、バイバイ！」って、さっさと帰っちゃう。

いったいなんだったんだ？　ああ、モテない男には理解できない！　と、トレルコフスキーは頭ぐるぐるです。

トレルコフスキーは職場でも居場所がない感じです。他のみんなは陽気で仲がいいんですけど、トレルコフスキーだけは溶け込めなくて、おどおどと愛想笑いしてるだけ。

病院から電話でシモーヌが亡くなったと知らされたトレルコフスキーが、彼女が亡くなった時に自分が『燃えよドラゴン』を観ながらおっぱいをもんでいたことを思い出して、なんだかすごく気まずくなるのもおかしい。このままだとコメディですけど、大丈夫ですよ、だんだんとホラーになっていきますから。

トレルコフスキーのアパートは古くて、トイレが共同なんです。このアパートは真ん中が空いていて、中庭があります。トレルコフスキーが反対側の共同トイレを見ると、窓のところに誰かが立っている。幽霊のように。

ゴロワーズとマルボロ

トレルコフスキーは、どこに行っても意地悪されているような気がします。近所のカフェでは、コーヒーを飲みたいのになぜかココアを出される。トレルコフスキーは気が弱いから「あ、ココアでいいです……」と愛想笑いしてココアを飲む。次に「タバコください。ゴロワーズ」と言う。ゴロワーズってフランス製の、ジタンと並んで人気のあるタバコです。ところが「すみません、ゴロワーズは切らしているんで、マルボロでもいいですか？」って言われる。マルボロはアメリカのタバコです。どうも、実際はコーヒーもゴロワーズもあるのに、なぜか、そのカフェはココアとマルボロをトレルコフスキーに押し付けようとしてるんですね。どうやら、それがシモーヌがそのカフェでいつも注文してたものだったようです。

カトリック教会でのうめき

トレルコフスキーはシモーヌの葬儀に行きます。カトリックの教会です。同じアパートの住人のガデリアンというシングルマザーとその娘もいます。その娘を演じているのは、エヴァ・イオネスコです。この人は当時、少女ヌード写真のモデルとして有名でした。お母さんが写真家で、自分の娘のヌードを撮っていたんです。エヴァ・イオネスコは『テナント』の後に『思春の森』（1977年）という映画で12歳でセックスシーンを演じて、現在その作品は児童ポルノに指定されてます。

お葬式では、教会の神父さんがお説教をしますが、なぜか、それがものすごく怖いんです。「神はお前らを許さないぞ！」みたいな。それを聞いているうちに、トレルコフスキーはだんだん「……やめてくれ……」と、苦しみ出す。十字架のキリスト像に責められているようなんです。で、命からがら、教会から逃げ出します。

このシーンは、ポランスキーの子ども時代の体験と結びついています。

抜けた歯

トレルコフスキーが新しいアパートに引っ越したということで、会社の同僚たちが酒を持ってアパートに遊びに来ます。管理人に「大きな音はダメ」と言われたのに、同僚たちは音楽をガンガンかけて大騒ぎ。トレルコフスキーは部屋の主なのに隅っこで愛想笑いするだけ。同僚の中に顔の四角い男がいます。ベルナール・フレッソンという俳優で、『フレンチ・コネクション2』（1975年）でアメリカからやってきた刑事ポパイ（ジーン・ハックマン）と組んで、麻薬シンジケートを潰すマルセイユの警部を演じていた人です。この人は『テナント』では傍若無人な男で、「このアパート、共同トイレかよ！　ションベン漏れちまうよ！」ってキッチンの流しで放尿します。

当然、近所の人が「うるせえ！」って怒鳴り込んでくる。するとトレルコフスキーがまた気弱そうに「本当にすいません、すいません」ってペコペコ謝る。で、同僚をみんな部屋から出して、掃除をして。散らかったゴミを全部拾って捨てに行くと、その時にちょうど大家のおっさんと鉢合わせして「もう出ていってもらうぞ！」と怒られる。このあたり、哀れで見てられない。

トレルコフスキーが部屋を掃除していると、部屋の壁に穴を見つけます。そこに詰めてあった脱脂綿を抜くと、誰かの前歯が出てくる。実は前半で病院にいたシモーヌが口を開けて叫んだ時、前歯が欠けていたんです。彼女は自分の前歯をこの穴に詰め込んでいたんです。なぜ？

縦縞のパジャマ

いろいろあって部屋に帰りたくなくなったトレルコフスキーは、会社の同僚（ベルナール・フレッソン）の家に行きます。結構いいアパートなんですが、彼がかけるレコードが軍歌なんですよ。勇ましいマーチを大音量でかける。どうも彼は右翼らしいんですね。

トレルコフスキーが「近所から文句こないの？」と心配すると、同僚は「きたら面白えな！」と気にしない。案の定ドアがノックされて、ストライプのパジャマを着た気の弱そうな男が「妻が病気なので、静かにしてもらえませんか？」とおどおどと苦情を言います。

この隣人のパジャマを見た時、この『テナント』という映画が、いったい何についての映画なのか、一瞬で明らかになります。

その縦縞のパジャマは、ナチの収容所でユダヤ人が着せられた囚人服にそっくりなんです。シモーヌの葬儀で、神父の説教を聞いたトレルコフスキーが苦しくなったのも、彼がユダヤ人だからです。あのシーンはポランスキーの10歳の頃の体験に基づいています。収容所に送られる前に逃げたポランスキーは、カトリックの家庭にかくまわれます。その家の子のふりをしていたんですが、ある日、その家を訪問した神父が彼のことを怪しんで、カトリック教会の教理について質問したんですね。異端審問ですよ。で、「この子は異教徒だ！」と見抜かれて、ポランスキーはその家も飛び出して、別の街に逃げたそうです。

隣人に苦情を言われた同僚は「何が病気だ。うるせえな！」と逆に怒鳴りつける。「警察へでもなんでも行け！　俺は警察署長と友達だぞ！」と言うんですね。この「警察署長は友達だ」というセリフは他でも出てきます。非常に意味がある言葉です。

パジャマの隣人はあきらめて去っていき、同僚はトレルコフスキーに「見ろ。ああいうやつらとはこうやって付き合うんだよ！」と言います。

「ああいうやつら」とはユダヤ人のことです。トレルコフスキーもそうなんですが。しかし、この『テナント』という映画には「ユダヤ人」という言葉は一切出てきません。だから縦縞パジャマの意味やポランスキーの出自を知らないで観ると、意味がわからない映画なんです。

謎の警察署長

アパートに帰ると、シモーヌの恋人だったという男が訪れて「シモーヌ！」って泣くんですね。気がいいトレルコフスキーは、彼と朝まで酒を飲んで話を聞いて、慰めてあげる。で、「あんた、いい人だな！」って言われて、別れて朝帰りをするんですけど。部屋に帰ってみると部屋が荒らされていて、テレビとか金目の物が全部盗まれている。つまり、あの自称シモーヌの恋人は、トレルコフスキーを家から遠ざけるための、泥棒の仲間だったわけです。

トレルコフスキーは警察に行こうとしますが、大家は「やめろ！」と言うんですよ。「警察に行ったら、疑われるのはお前だぞ。お前のようなフランス人じゃないやつはな」と。「僕はフランス国民ですよ。国籍を持っていますよ！」とトレルコフスキーが反論すると、大家は「私が何を言おうとしているのか、わかるだろう？」と言う。つまり「お前はユダヤ人だ」ということです。警察はユダヤ人の言うことを信じないだろうと。

また、大家も「警察署長は知り合いだ」と言います。「警察署長」ってなんでしょうね？

トレルコフスキーは部屋に帰りたくないんで、今度はイザベル・アジャーニの友達の男の人のアパートに行きます。そしたらまた夜中にガンガン音楽をかけているわけですよ。「近所の人は文句を言わないの？」って聞くと、彼は「えっ？　いや、別に？」とキョトンとします。それでトレルコフスキーは気づくんです。うるさいと文句を言われるのは自分だけなんだと。

アパートに帰ると大家さんの奥さんが現れて、ガデリアンさん（エヴァ・イオネスコちゃんが演じる少女のお母さん）に出ていってほしいから、住民の署名を集めていると言います。

「ガデリアンさんは夜中に洗濯をしたりして迷惑なのよ」と大家に言われて、トレルコフスキーは気づきます。ガデリアンさんも、あの縦縞パジャマの彼や自分と同じユダヤ人なんだと。だから彼は署名を拒否しますが、大家の奥さんから「後悔するわよ！」と脅されます。

トレルコフスキーは警察に通報されて、事情聴取されます。このあたりの罪無くして罪に問われる不条理感はカフカの『審判』に似ています。ただの勤め人である主人公が突然、警察に逮捕されて裁判にかけられるが、いったいなんの罪かすらわからないという怖い小説です。

警官は「あんた、名前は何だ?」と問います。「フランス人じゃねえな」って言われるんですね。トレルコフスキーは「いいえ、僕はフランス国籍を持っています。ポーランド系のフランス人です」と反論しますが、警官は聞いてくれません。

ポランスキー自身がフランス生まれのポーランド人なんですが、原作者のローラン・トポールもポーランドからの移民の両親がパリで生んだ子です。ところが、たとえ国籍がフランスであったとしても、彼はフランス人扱いされなかった。ユダヤ系だからです。

ホロコーストに加担したフランス

ローラン・トポールが子どもの頃、1940年にドイツがフランスを占領し、ヴィシーという街に首都を置いて傀儡(かいらい)政権を立てました。フランス人を首相にしてね。そして、ナチスに協力してユダヤ人狩りをしました。トポールのようにフランス国籍を持ったユダヤ人は多かったんですが、彼らを収容所に送ったんですよ。

そのヴィシー政権下で積極的にユダヤ人狩りをやったフランス人の1人がモーリス・パポン

という男です。彼はドイツ敗戦後も罰せられることなく、戦後、パリの警視総監になりました。ナチ協力者が戦後のフランスでも政財界で権力を握っていた事実は、クロード・シャブロル監督の『いとこ同志』（1959年）でも批判されていた通りです。

フランスはナチス・ドイツに占領された被害者だと思われていますが、もともとフランスは反ユダヤ人感情が強い国でした。

1894年にはドレフュス事件が起こっています。ドレフュスという軍人がドイツのスパイだという容疑で島流しになった冤罪事件です。証拠はまったくなかったにもかかわらず、ドレフュスがユダヤ系だったので、反ユダヤのパニックが起こったからです。画家のルノワールなど、著名な文化人までがドレフュス処刑に賛成しました。

ヴィシー政権でユダヤ人狩りをしたパポンは、1961年にまた虐殺をしました。1961年、フランスの植民地だった北アフリカのアルジェリアが独立しようとした時、警視総監のパポンは、アルジェリアを支援するデモをしていたアルジェリア系フランス人たちを逮捕して、皆殺しにしたんです。少なくとも40人、多い場合は200人も殺したと言われています。死体を完全に焼却処分してしまったので、正確な死者の数はわかりません。この事件はミヒャエル・ハネケ監督の『隠された記憶』（2005年）でも告発されています。

ヴィシー政権下のユダヤ人迫害は、フランス人にとって隠したい過去です。マルセル・オフュルスというユダヤ系のドキュメンタリー映画『悲しみと哀れみ』（1969年）は、ヴィシー政権下でフランス人がユダヤ人狩りをしていた証拠映像を集めたものです。『アニー・ホール』（1977年）で、ウディ・アレンが繰り返し繰り返し見続けるのが『悲しみと哀れみ』なんです。ユダヤ系であるアレンが「今は自分に普通に接している人々も、いつまた迫害を始めるかわからない。油断するな」と自分を戒めるために見続けるんです。

カフカの小説もそれと同じです。『審判』の主人公は突然逮捕されますが、それはユダヤ人であったカフカがいつも感じていた恐怖でした。カフカが生涯暮らしたプラハは当時、オーストリア＝ハンガリー帝国領で、そこではユダヤ人は市民権を得ていたんですが、いつまた迫害が始まって、ユダヤ人だというだけで逮捕されて殺されるかもしれないという状況です。実際にカフカが亡くなった後、プラハもナチに占領されてユダヤ人は殺されました。カフカが小説に書いた恐怖は予言になったのです。

そして、この『テナント』という作品もまさにそういう映画なんです。

出エジプト

トレルコフスキーは、シモーヌが持っていたエジプトの本を見つけます。シモーヌの彼からエジプトの絵葉書が届きます。さらにあの共同トイレに行くと、なぜかエジプトの象形文字が壁に書いてある。上に丸がついているエジプト十字架もね。なぜエジプトなのか？　これも、ユダヤと関係があります。

夜中にトレルコフスキーの部屋を誰かがノックします。住民の署名で追い出されるガデリアンさんです。「あなたは署名しなかったから、あなたには仕返ししないからね」。

彼女はいったい何をしているのか、と思って、隣の部屋のドアを見ると、ドアとドアマットにべったりと汚物がひっかけられているんですよ。

トレルコフスキーは自分のところだけ綺麗だと自分が怪しまれちゃう！　と怖くなって、シモーヌの彼がシモーヌ宛てに送ったエジプトの絵葉書で汚物を隣のドアマットからすくい上げて、それを自分の部屋のドアになすりつけます。

これは、旧約聖書の出エジプト記にある「Passover（過越（すぎこし））」です。エジプトでユダヤ人が奴隷にされていた頃、ユダヤの神ヤハウェがエジプト人に天罰を下すため、初めて生まれた赤ん坊を皆殺しにすることにします。

その時、ユダヤ人の子も一緒に殺されないよう、ヤハウェは「羊を生贄として神に捧げれば、子どもを殺さず見逃してやる」と約束します。「生贄を殺した証拠に、その羊の血をドアにつけておけば、その家の前は通り過ぎる」だから「過越」なんですね。それを記念してユダヤ系の人々は今も「Passover」の祭りをし続けています。

このドアのシーンは、そのパロディなんですよ。

トポールの体験

『アンネの日記』を読んだ人ならわかると思います。ナチに支配された地域のあちこちで、ユダヤ人をアパートの2階とか屋根裏とかにかくまってくれている人がいたわけです。『テナント』のアパートはその再現なんですね。管理人を演じるシェリー・ウィンタースは映画版の『アンネの日記』（1959年）で、ヒロインのアンネのボーイフレンドの意地悪なお母さんの役を演じていたことで有名なんですよ。彼女のキャスティングは、観客に『アンネの日記』を思い出させます。

では、原作者のローラン・トポール一家はどうやってヴィシー政権を生き延びたか。彼らはフランスの南部、イタリアとの国境のサヴォイアという地方に逃げ込みました。そこは昔、イタリアとフランスにまたがってサヴォイア公国があった場所です。フランスがドイツに占領されると、ドイツの同盟国であるイタリアはサヴォイアをイタリアに併合しました。それで、その地域ではユダヤ人狩りが激しく行われなかったんです。

自分自身であることが許されない世界

そのうちトレルコフスキーは、だんだん前の間借り人シモーヌに人格を乗っ取られていきます。彼女が残した服を着て、彼女が残したマニキュアや口紅を塗って、自分でカツラを買ってきて女装をするようになる。シモーヌと同じようにコーヒーよりココアを飲むようになり、ゴロワーズよりもマルボロを吸うようになります。なぜ？

ウディ・アレンが監督・主演した『カメレオンマン』（１９８３年）がヒントになります。ウディ・アレン扮する主人公はユダヤ人で、差別や迫害を逃れるため、カメレオンが周囲の色に合わせて体の色を変えるように、周囲の状況によって、多数派、体制側の人間に同化していきます。ポランスキーが生き延びるためにカトリックのふりをしたように。祖国を持たず、政府によって守られないユダヤ人は、いつ迫害されて虐殺されるかわからない。だから、大昔から、自分以外の誰かになることで生き延びてきた。ユダヤ人は自分自身として生きることが許されなかったという悲劇を、『テナント』はシモーヌという幻の下宿人に象徴させています。

でも、トレルコフスキーは抵抗します。「俺はシモーヌなんかにならないぞ！」と。トレルコフスキーは何者かに前歯を抜かれて血まみれになります。その歯はシモーヌが隠したのと同じように壁の穴に隠されていました。これはトレルコフスキーが自分で抜いたんですね。彼はイザベル・アジャーニにこう語ります。「歯も自分の一部なんだ。自分が自分でいることを、あきらめてしまう瞬間っていったいなんだろう？」つまり、彼は完全にシモーヌになってしまう前に、せめて自分が生きた痕跡として歯だけは隠して取っておこうとしたんです。だから、最初に病院にいたシモーヌもおそらくはもともとシモーヌじゃなくて、別の人だったんですね。シモーヌになる前に自分の歯を隠したんです。この話は、アウシュヴィッツのユダヤ人たちがガス室で殺されて焼却されて消滅してしまう前になんとかして証拠を残そうとして、手記を瓶に入れて地面に埋めたりしたことを思い出させます。

追い詰められたトレルコフスキーは、ステラのところに逃げると、彼女は優しくかくまってくれます。「ああ、よかった。やっぱり彼女は本当に信用できる」とホッとします。

ステラが仕事に行っている間、トレルコフスキーは彼女の子どもの頃のアルバムを見てホッとします。彼女がアルジェリア系だとわかるからです。実際、ステラを演じるイザベル・アジャーニは名前でわかるように、お父さんがアルジェリア系です。

イザベル・アジャーニは『スカートの日』（２００８年）で、イスラム系の生徒が多い学校の先生を演じていました。フランスでは同化政策で、イスラム系の女生徒にもスカートを履かせようとしたので、生徒たちが反対する話でした。これもある意味、『テナント』とよく似たテーマですね。

アメリカは守ってくれない

ところが、そのアパートに大家がやってきます。なんだ！　彼女も俺を裏切ったんだ！　と思ったトレルコフスキーは、どこにも行き場がなくて、あるパブに飛び込みます。そのパブは、店内に書いてある言葉が全部英語なんですよ。さらに壁にはジョージ・ワシントンが描かれたアメリカの1ドル札を拡大したポスターが貼ってあります。ここはどこでしょう？

アメリカの象徴なんですよ。多くのユダヤ人が迫害を逃れてアメリカに渡ったように、アメリカに逃げ込んだトレルコフスキーは「ぼ、ぼくは殺されそうなんだ。身を守るために拳銃を貸してくれ！」と言います。ところが1人の男に「お前、警察に突き出すぞ！　出ていけ！」と追い出されます。その男のネクタイは赤と白の縞に青地に白い星の……星条旗の柄なんです。

アメリカは自分を守ってくれなかった、というこのシーンは、アメリカで妻シャロン・テートを殺されてしまったことを意味しているのか、この後、13歳の少女との淫行事件で起訴されてアメリカに戻れなくなることを予言しているのか。

血みどろの醜いやり方で死んでやる

結局トレルコフスキーはシモーヌの姿でシモーヌと同じように、アパートの窓から飛び降りることになります。それを見物しに集まった住民たちにトレルコフスキーは「お前らみんな人殺しだ！」と言います。もちろん、フランス人がユダヤ人虐殺に加担した事実を断罪しているわけです。さらに彼は「お前らは俺に清潔に死んでほしいんだろ？」と言います。アウシュビッツのように存在の痕跡も残さずに民族浄化したいんだろう？　と。

「でも、俺は、お前らが二度と忘れられないほど血みどろで醜く死んでやる！」

ポランスキーがシャロン・テート惨殺後に映画『マクベス』を血みどろ映画にしたように、お前らにも血をぶっかけて嫌な思いをさせてやる！　と。

『テナント』には、こんなシーンもあります。トレルコフスキーが公園で泣いている小さい男の子を見て、なぜかホッとします。自分があまりにも惨めで孤独だから、「あの子もぼくと同じだ」と思ったわけです。ところがその子は通りかかった女の人に優しく慰められて泣き止みます。これを見てトレルコフスキーはムカムカして、その子の顔をパーン！　とひっぱたきます。つまり「どうしてお前だけは優しくしてもらえるんだ！」と。

「どうかしている」と思うでしょうけど、差別は差別された人をおかしくしてしまうものなんですよ。差別された人は、怒りでどうかしちゃうんです。この映画の中で何度も繰り返されるのは「どうせあんたがやったんでしょ？」「あんたが疑われるのよ」「あんたがやったんだ」っていうことですよね。何もしてないのにね。

そういうことは僕も学校でよくありましたよ。高校を卒業して両親が離婚するまで、ずっと父方の韓国名だったので、学校の教師からも露骨に差別されました。

差別は繰り返される

トレルコフスキーは飛び降りた後に「俺の名前はトレルコフスキーだ！」と叫びます。名前は重要です。多くの国のユダヤ系は、その国の多数派と仕事をする際、本名を隠していたからです。

ハリウッドはユダヤ系が映画会社を経営していましたが、俳優たちは、ユダヤ系の本名を隠していました。カーク・ダグラスもダニー・ケイも、ユダヤ系の本名を隠して、非ユダヤ系の芸名で働いていました。非ユダヤ系の観客から敬遠されないようにです。

フランスでも、俳優イヴ・モンタンは死ぬまでユダヤ系であることを隠していました。完全に非ユダヤ系として生きたんです。当時は生きるためには仕方なかったんです。松田優作が俳優として生きるために韓国名を改名したように。それを「あいつらは本当の素性を隠している」と批判する人もいるけど、本名を名乗れない本人の方がずっと悲しいんですけどね。

トレルコフスキーは、地面に叩きつけられますが死にません。重傷で、病院に担ぎ込まれ、包帯でぐるぐる巻きにされます。シモーヌさんのように。そのトレルコフスキーを見舞いに来たのは自分自身、トレルコフスキーでした。この映画はここでループします。終わりがないんです。

なぜ終わらないいか。ホロコーストは過去のものだけど、差別はいろんな形で今もどこかで続いているからです。

チャップリンとウディ・アレン

この後、ポランスキーは淫行事件でアメリカに戻れなくなりました。このいきさつはチャップリンに似ていると思います。チャップリンはイギリスにジプシーの芸人の子として生まれました。ジプシーは、正式にはロマと呼ばれる人々で、インドからローマ、フランス、スペイン、イギリスと流浪してきた民族ですが、ユダヤ人と同じく祖国を持たないので差別されてきました。チャップリンはアメリカに渡ってサイレント映画を作って、世界の喜劇王になりました。『独裁者』（1940年）ではヒトラーそっくりの独裁者とユダヤ人の一人二役を演じて、差別との戦いを訴えましたが、保守的な人々から左翼だ共産主義者だと嫌われていきました。また、チャップリンもポランスキーと同じく若い女の子が好きで、リリタという幼妻と結婚して、そのスキャンダルをヒントにウラジミール・ナボコフが小説『ロリータ』を書いたといわれています。結局、チャップリンはアメリカから追放されてしまいました。

ウディ・アレンもそうですね。付き合っていたミア・ファローの養女がまだ未成年の頃に関係を持って結婚し、別の養女から性的虐待で訴えられ、アメリカでは俳優からボイコットされています。ポランスキーの被害者の女性はすでに彼を許すとコメントしてるんですが、アメリカの司法は今も彼を赦していません。

先述した少女ヌードモデルだったエヴァ・イオネスコは成人してから、自分の写真を売っていた母親を虐待で訴えました。まあ、いろいろありますね。

ポランスキー監督は2002年に祖国ポーランドを舞台に『戦場のピアニスト』を撮りました。これはナチのホロコーストを生き延びたユダヤ人ピアニストの実話です。彼はユダヤ人としてゲットーに入れられますが、同胞たちが武器を持って蜂起した時も参加しなかった。蜂起したユダヤ人は皆殺しになりますが、彼は生き延びます。それから彼はユダヤ人としてのアイデンティティも、人間としての尊厳も何もかも捨てて、ただ生き延びようとします。だから『テナント』とテーマが裏表なんです。

『戦場のピアニスト』（2002年）

また、ローラン・トポールの代表作『マゾヒストたち』には、自分自身をおろし金で削ったりする人々の絵がありますが、本当に心に傷を負った人は、自傷行為をすることがありますね。肉体にもっとひどい痛みを与えることで心の痛みから気を逸らそうとする。トポールが少年時代にユダヤ人迫害で受けたトラウマと無縁ではないでしょう。『ファンタスティック・プラネット』でもオム族は毒ガスで民族浄化されるんですよ。

住む場所を追われた「間借り人」

『テナント（間借り人）』というタイトル自体、ユダヤ人を象徴しています。ユダヤ人は紀元1世紀、ローマ帝国によって祖国イスラエルを解体され、ヨーロッパに離散しました。それ以来2千年近く、守ってくれる祖国がなく、いつもどこかの国に間借りして、いつ追い出されるかわからない間借り人でした。

ポランスキー自身がいつも間借り人ですよね。ポーランドから追い出され、フランスにもイギリスにも居場所がなく、ハリウッドに行ったら今度はそこからも追い出されて、ヨーロッパに帰ってきた。一生テナント（間借り人）ですね。

僕のような在日韓国人もそうですね。日本で生まれて日本しか知らない。日本語しかしゃべれないのに、「韓国系である」ということで、たとえ帰化してもアウトサイダーで、韓国に行っても韓国人としては扱われない。どこに行ってもテナントです。だからこの映画はすごく切実に響いてくるんです。

フランスでは最近も「国民戦線」という、移民排斥運動をしている右翼政党が支持率を伸ばしています。彼らは建前として「私たちはレイシスト（差別主義者）じゃない。ただフランスの伝統を重んじてくれれば移民であっても排斥しない」と言っていますが、それは要するに「同化しろ」「アイデンティティを捨てろ」ということで、「シモーヌになれ」という圧力ですね。

僕は母親が日本人で、血統的にも半分日本人だし、母親の籍に入ったから国籍も日本ですが、それでもネトウヨには「朝鮮人の血が入ってるから」と言われますからね。

これは日本人もやられたことです。アメリカに移民した日本人はアメリカ国籍を持っていたのに、日本が真珠湾を攻撃すると「敵性国民」とされて強制収容所に入れられました。少数民族はたとえ国籍があっても守られないことがあるんです。

だから『テナント』は、単にユダヤ人だけでなく、全人類的な恐怖を描いているんです。

すでに80歳を過ぎたロマン・ポランスキー監督の新作『An officer and a spy（士官とスパイ）』（2019年）は先述した「ドレフュス事件」を正面から描く作品です。『テナント』『戦場のピアニスト』と並んで、ユダヤ人迫害三部作となるでしょう。

Peeping Tom

メディアに支配される人間

『血を吸うカメラ』

1960年／イギリス
監督 マイケル・パウエル
出演 カール・ベーム、モイラ・シアラー、アナ・マッシー

スプラッターよりもどうかしている映画

僕に「『血を吸うカメラ』はすごいよ」と勧めてくれたのはチェッカーズのリーダーでギタリストの武内享（たけうちとおる）さんでした。僕は「宝島」という雑誌の仕事で武内さんの家にお邪魔して、彼

の好きな映画を見ながらお話をするという記事を作ったんです。武内さんがまず選んだのはまず『ゴジラ対ヘドラ』（1971年）ですね。彼は僕と同じ歳なんですが、「ヌーヴェル・ヴァーグとかアヴァンギャルドな映画を知る前に、僕らは子どもの頃から『ヘドラ』とか『ウルトラマン』で、前衛的な表現を知ったんだ」と言ってました。

その時に武内さんが推薦したのが『血を吸うカメラ』だったんです。「これ、どうかしてる映画だよ！　最高だよ！」って。『血を吸うカメラ』のタイトルだけは知ってました。当時はスプラッター映画のブームだったので、これも「血飛沫(ちしぶき)ブシューッ」とか「内臓グチュグチュ」というホラーかと思ってたんですが、観てみたら、スプラッターよりもどうかしてる映画でした。

「モダンホラー」の原形

『血を吸うカメラ』は女性を殺害する瞬間を16ミリカメラで撮影して、そのフィルムをコレクションしている男の話です。アルフレッド・ヒッチコックの『サイコ』（1960年）よりもわずかに早く作られたサイコキラー映画の傑作で、いわゆるスナッフフィルム（殺人フィルム）ものの先駆けです。

この頃、つまり1960年代、それまでの古城や幽霊屋敷や吸血鬼が出てくるゴシックホラーとは違う、もっと現代的でリアルで、人間そのものの怖さを描くホラー映画、つまり「モダンホラー」というジャンルができていきました。

監督のマイケル・パウエルはイギリスの巨匠です。エメリック・プレスバーガーとのコンビで『赤い靴』（1948年）、『黒水仙』（1947年）などの名作で世界的に知られていました。1960年、パウエルは単独で『血を吸うカメラ』を監督しましたが、イギリスで試写を観た批評家たちから「こんな映画は許せない！」と徹底的に断罪され、興行も失敗。マイケル・パウエルの映画人生はそこで終わってしまったんです。『血を吸うカメラ』はまさに呪われた映画です。

覗き屋トム

『血を吸うカメラ』は、目の超クローズアップから始まります。これは〝見る〟ことについての映画なんです。

原題は『Peeping Tom（覗き屋トム）』といいます。これは、チョコレート「ゴディバ」の元になった伝説に出てくる人物の名前なんですね。イギリスの11世紀にゴディバ（ゴダイバ）という領主がいたと言われています。彼は、地元民、領民を高い税金で苦しめました。彼の奥さんが税金を軽くするよう頼むと、領主は「お前が全裸で馬にまたがってこの街を一回りすれば、税金を軽くしてやってもいいよ」と言いました。奥さんは本当にそれをやるんですが、領民たちは「奥さんが我々のために恥を忍んでやってくれるんだから、見ちゃいけない!」と、窓を閉めて誰も見ませんでした。ところがただ1人、仕立て屋のトムだけがこっそりそれを見ていたので、スケベな男のことを「覗き屋トム(Peeping Tom)」と呼ぶようになった……という話があるんです。

殺人フィルム

『血を吸うカメラ』は、モノクロで画質の粗いフィルムをスクリーンに上映している映像から始まります。ロンドンの下町で道端に立っている娼婦に声をかけて、安ホテルに行く客の視点で撮られています。音は入っていません。その娼婦がベッドに座って服を脱ごうとした時、彼女はカメラのレンズの方を見て、恐怖の形相になり、声なき悲鳴を上げます。彼女は撮影者に殺されたんですね。

そこで、そのフィルムを映写しているスクリーンを見ている男の後ろ姿になります。それは鮮やかなカラーで撮影されています。『血を吸うカメラ』はカラー映画で、特に「赤」の使われ方が強烈です。この映画では血が出ないんですよ。当時のイギリスは、非常にレイティングが厳しかったので、血の代わりに服の色などを真っ赤にして、血のイメージを観客に印象付けています。

それが撮りたいんだ

この殺人フィルムを撮影し、試写していたのが主人公マーク、演じるのはオーストリア出身の俳優でカール・ベーム。20代のハンサムな青年です。

彼は出かける時もいつもカメラを身につけて手離しません。それはベル＆ハウエル社製の16ミリカメラです。このカメラは非常に小さいので、当時、ドキュメンタリーやヌーヴェル・ヴァーグとかのゲリラ的な撮影をする映画でも使われていました。

マークは、ロンドンのソーホー地区に行きます。ソーホーは日本の新宿歌舞伎町みたいな盛り場です。そこのタバコ屋さんに行くと、中年男性の客が店主に「〝ビュー（View）〟が欲しい」と言います。すると、店主は女性のヌード写真のカタログを出します。当時、エロ本はまだ違法で、こうした形でエロ写真が密かに売られていたんですね。

当然、ポルノ映画も違法ですから、当時はモノクロの16ミリで撮影された短い映画が秘密上映会などで観られていました。いわゆる「ブルーフィルム」です。マークはそういうフィルムも撮影しているプロだったんです。

マークのエロ映画のモデルに1人すごく美しい女性がいるんですけど、自分の口元を「撮らないで」と言います。彼女は口唇裂(こうしんれつ)なんです。ところがマークはこう言います。
「それが撮りたいんだ！」

父親による生体実験

マークは亡くなった親から受け継いだ大きな家をアパートとして貸して、その家賃収入で暮らしています。間借り人のヘレンという女性が21歳の誕生日パーティをしていて、マークを誘います。マークは本当にシャイで、おどおどしていて、女性とちゃんと目を合わせてしゃべれません。

ヘレンはセクシーでもとびきりの美女でもありませんが、とても優しくて、マークの繊細さをわかってくれる人です。マークはおずおずとヘレンを自分の部屋に誘います。

そこには暗室があります。16ミリフィルムを自分で現像しているんです。殺人フィルムですから、現像所に出せないから。

暗室には、「マーク・ルイス」という彼の名前が書かれたディレクターズチェアがあります。自分でディレクターズチェアを作って、監督を気取っているわけです。

マークのカメラや暗室は、父から受け継いだものです。彼の父は心理学者で、マークが幼い頃から、ずっと16ミリカメラで彼を撮影し続けてきました。でも、息子を愛しているからではありません。

「子どもに恐怖を与え続けると、どんな大人に育つか」という実験をしていたんです。

このどうかしてる父親を演じているのは、監督のマイケル・パウエル自身です。しかも16ミリフィルムの中で、精神的に虐待される幼いマークを演じているのはマイケル・パウエル監督の実の息子です。彼は成長してからインタビューで「とても嫌な体験だった」と話しています。

狂気の物語

マイケル・パウエルは数々の名作を作ってきたと言いましたが、よく見ると、狂気や欲望についての映画が目立ちます。

１９４７年の『黒水仙』はヒマラヤの修道院が舞台で、修道女たちがセックスの欲望と戦いながら、それに負けて狂気に落ちていく物語です。

１９４８年の『赤い靴』はアンデルセン原作で、それを履くとものすごくバレエがうまくなるけど、死ぬまで踊り続けるという赤い靴の話です。これは、「素晴らしいバレエのためなら命も惜しくない」という、芸術にかける狂気を描いた物語です。

『ホフマン物語』（１９５１年）はジャック・オッフェンバックのオペラの映画化で、人造人間に恋した男の話で、やはり狂恋がテーマです。

こうした人間性の闇の探求の果てに、マイケル・パウエルは『血を吸うカメラ』にたどり着いたのでしょう。

危険な脚本家

『血を吸うカメラ』のシナリオを書いたレオ・マークスは第二次大戦中、ドイツ軍の暗号を解読する仕事をしていた人です。彼は『血を吸うカメラ』の後、『ツイステッド・ナーブ　密室の恐怖実験』（1968年）という問題作を書いてます。これは『血を吸うカメラ』と同じく金持ちの息子が主人公で、デパートでたまたま見かけた女の子を好きになります。彼女は心優しい人なので、主人公はそれを利用して、知的障害者のふりをして彼女に近づくんです。まあ、モラル的に非常に問題のある映画ですね。

この嘘つき青年がいつも口笛で吹いているメロディは、クエンティン・タランティーノ監督の『キル・ビル Vol.2』（2004年）でダリル・ハンナが演じる殺し屋が口笛で吹いていた曲です。タランティーノによって、この口笛のメロディだけが有名になってしまったということです。ちなみにこの曲を作曲したのはあの『サイコ』（1960年）の作曲家、バーナード・ハーマンです。

三本目の脚

『血を吸うカメラ』のマークは、昼間は映画の撮影所で商業映画の撮影カメラマンをしています。ただ、その時に彼が撮っている映画は、女優が大根なんです。気絶する演技も下手くそで笑わせます。ちなみにこのシーンで監督を演じている人は戦争で目を負傷して、ほとんど視力がなかったそうです。マイケル・パウエルは「この当時のイギリスの商業映画を作ってる監督は何も見えていないから」と言っています。

撮影が終わると、マークは、さっきまでスタンドインをやっていた女性を撮影します。スタンドインというのは、リハーサルやテストの時に女優の代わりにカメラの前に立つ身代わりです。彼女は売れない新人女優で、マークに自分の宣伝用のフィルムを撮ってもらうわけです。マークはふだんは女性とまともにしゃべれないんですが、カメラを持つと「そうじゃない。こういう風にするんだ！」と、監督みたいに演出します。

そのカメラの三脚の脚の1本を水平に前に突き出して、伸ばします。ボタンを押すと、その先端から尖ったスパイクが飛び出します。それを女優に向かって突き出しながら、マークはカメラを前に押し出していきます。あの娼婦もそうやって殺したんです。

心優しき殺人鬼

伸びて女性を突き刺すスパイクは、明らかにペニスの象徴です。カメラはマークの目です。彼は女性と付き合えないけれど、撮影しながら突き殺す欲望に取り憑かれています。この映画が問題になったのもわかりますね。

そんな連続変態殺人鬼になってしまったのは父親の実験のせいで、それさえなければマークは優しい青年です。ヘレンとのプラトニックな恋が育っていく時だけは、カメラを持っていません。ヘレンがブローチをつける時、マークが自分の胸に痛みを感じる場面は、彼らの心のつながりを意味しています。

ヘレンはマークに「私は童話作家になって、アンデルセンやルイス・キャロルみたいなお話を書きたい。魔法のカメラについての話よ」と言います。彼女はマークの純粋さを愛します。ただ、アンデルセンは死ぬまで童貞で、好きになった女性に対してストーカーのような行為を繰り返していたことで知られていますし、ルイス・キャロルは少女愛の人でした。

ヘレン役にあまりセクシーではない女優をキャスティングしたのは、マークは女性に性的に惹かれると、ペニスではなくカメラの三脚でその女性を刺してしまうからです。

超自我としてのカメラ

『血を吸うカメラ』の数カ月後に公開されたヒッチコックの『サイコ』もよく似た話でした。『サイコ』では、母親に束縛されて育てられた青年ノーマン・ベイツが、母親が死んだ後、無意識のうちに母親を自分で演じる二重人格者になります。ノーマンが女性に性的に惹かれると、母親の人格が彼を支配して、その女性を殺します。

『血を吸うカメラ』のマークが父の形見のカメラを片時も離さないのは、父の呪縛を意味しています。マークはカメラに支配されて、父がしていた恐怖の研究を引き継いで、死を恐怖する女性を撮影し続けています。

マークにとってカメラはいわゆる「超自我」ですね。自我とは「私は私である」という意識ですが、自分の中には、自分を批判的に観察して「それはよくないぞ」と、ささやいてくる自分もいます。それを超自我といいます。神を信じる人にとっては神であったり、親であったりします。シェイクスピアは戯曲『ハムレット』でそれを父の幽霊として表現していましたが、実は自分の心の中で作られた別の自我です。マークにとっては父のカメラがそうなんです。

だから『血を吸うカメラ』という邦題には、血に飢えたカメラがマークをけしかけている感じが出てますね。

完璧なフィルムを！

しかし、マークはそのカメラからヘレンだけは守ろうとします。ヘレンから「なぜそのカメラで私を撮らないの？」と尋ねられたマークは「これでは君は撮れないんだよ！」と言います。「このカメラで撮影したものは、みんな失われてしまうんだ」。

ヘレンはカメラの呪縛を解くためにマークにキスします。ところが、その後にマークは、なんとカメラにキスします。僕はヘレンを好きになったりしないよ。カメラ、お前を愛してるよ、と。あまりに異常な、すごいシーンです。

その後、マークが殺人フィルムを映写しているところにヘレンの母親が入ってきます。彼女は目が見えないので、何が映っているのかわからないんですが、こう言うんですね。

「何かものすごく邪悪な、不健全なものが映っている気がする」

ダメな監督と逆に、彼女は目が見えないからこそ、本質を見抜く力があるわけです。

スクリーンの中で女性が殺害されるまさにその瞬間……マークは「ダメだ！　ダメだ！」と叫びます。「いちばんの決定的な瞬間に、光量が足りなかった！」。

これは、あのマーティン・スコセッシ監督に最もショックを与えたシーンなんです。つまりマークにとっては女性を殺すこと自体より、それを完璧に撮影することが何よりも重要になっているんです。

「彼の気持ちはよくわかるよ」

スコセッシは言っています。「僕もそうなんだ。〝こういう映像が撮りたい〟という欲望が人生の何よりも大切な目的になってしまうんだ。それに取り憑かれておかしくなっていくんだ」

父の支配からの逃避とセックスの代わりとして始まった殺人ですが、すでにマークは完璧な殺人フィルムを作ることが人生の目的になってしまったので、もう止まらないんです。そのマークを、映像に取り憑かれた男であるマイケル・パウエル監督自身も限りない共感を込めて描いています。それこそが、この映画が批評家に恐れられた理由です。

当時の『血を吸うカメラ』に対する酷評を読むと、どこにも「映画の出来が悪い」とは書いてありません。彼らが恐れたのは、『血を吸うカメラ』がマークを「怪物」「悪」として描いていないところです。こんな人物を共感を込めて描くのは絶対に許されるべきではない、当時の批評家たちはそう思ったんです。

なぜ『サイコ』は叩かれなかったか

先程も言ったように、『血を吸うカメラ』の数カ月後に公開されたヒッチコックの『サイコ』は実によく似た映画ですが、それほど問題になりませんでした。その理由の一つは、殺人者のノーマン・ベイツにそれほど共感を込めないで描いたからでしょう。というのは『サイコ』はラストでどんでん返しになるので、『血を吸うカメラ』のように殺人者の内面に観客が入り込むような展開にはなっていないんです。

でも『サイコ』が問題にならなかったもっと大きな理由は、ショッキングなラストがバレないように公開前に批評家向けの試写を一切行わなかったからです。『サイコ』は一応ハリウッド・メジャーのユニバーサル製作ではあるんですけども、ヒッチコック自身が資金を持ち出して低予算で作っているんです。だから、大々的な試写をしないで公開することができました。だから、批評家に叩かれる前に大ヒットしちゃったんですね。

自分の欲望をえぐり出す

ということで『血を吸うカメラ』は闇に葬られ、マイケル・パウエルはその後、映画を撮ることができなくなりました。ところが、この映画を救ったのが、マーティン・スコセッシです。マイケル・パウエルとその奥さんでフィルム編集者のセルマ・スクーンメイカーはイギリスからニューヨークに移住しまして、2人ともニューヨーク大学で映画を教えていました。その生徒がスコセッシです。そして彼は最初の長編『ドアをノックするのは誰？』（1967年）を撮ります。性的欲望とカトリック信仰の間で引き裂かれる青年を描いたスコセッシの自伝的映画ですが、その編集をセルマ・スクーンメイカーに依頼したんです。

ニューヨーク大学で、スコセッシに教えていたもう1人の師匠はエリア・カザンです。エリア・カザンは赤狩りの時に仲間を裏切ったせいで、ハリウッドから追放されていたからです。つまりスコセッシの師匠は2人とも汚名を着せられた巨匠だったんです。

セルマ・スクーンメイカーは、スコセッシの『レイジング・ブル』（１９８０年）でアカデミー編集賞を受賞しました。その前年、１９７９年にスコセッシによって『血を吸うカメラ』が約20年ぶりにニューヨークで再上映され、人々に衝撃を与えました。カメラに支配され、撮ることの欲望の虜になったマークは、メディアに支配されて、メディアの中に欲望がある現状を遥か昔に予言していたんです。

「『血を吸うカメラ』はフェデリコ・フェリーニの『８ ½』（１９６３年）と同じく〝映画を撮る〟ことの暗黒面を描いている」と、スコセッシは言います。「映画を撮るということは自分の欲望を撮ることなんだ。自分の欲望をえぐり出して、スクリーンに叩きつけることなんだ」と。

まだ観ていない人のために『血を吸うカメラ』の結末は話しませんが、マークは自分の作品と父の研究をおぞましくも完成させます。

インスタグラマーやYouTuberの時代に、マークの悲劇はますます身近でリアルなものになっています。

The Haunting

幽霊屋敷ホラーの古典は「何も見せずに」怖がらせる

『たたり』

1963年／アメリカ
監督 ロバート・ワイズ
出演 ジュリー・ハリス、クレア・ブルーム、リチャード・ジョンソン、ラス・タンブリン

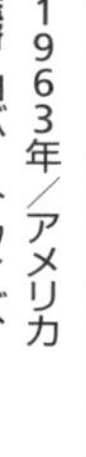

丘の上の屋敷

1963年のロバート・ワイズ監督の映画『たたり』は、アメリカの作家シャーリイ・ジャクスンが1959年に発表した『The Haunting of Hill House（丘の上の屋敷のたたり）』という

小説を映画化した作品です。日本では『山荘綺談』『たたり』『丘の屋敷』など、様々なタイトルで邦訳が出ていますが、ここでは『丘の屋敷』とします。

築90年を経て、呪われていて幽霊が出ると噂されている屋敷「クレイン邸」にマークウェイ博士（リチャード・ジョンソン）が調査に訪れます。彼は、超常現象や心霊現象を科学的に解明しようとしている科学者です。マークウェイ博士は、屋敷の幽霊を刺激するため、超能力者といわれる2人の女性を招待します。1人はエレノア（ジュリー・ハリス）。子どもの頃、彼女の家に石の雨が降ったことがありました。もう1人はセオドラ（クレア・ブルーム）。当時流行っていた「ESPカード」というカードの絵柄を当てる超能力実験で抜群の成績を出した女性です。

そこに、ルーク（ラス・タンブリン）というクレイン邸の持ち主の放蕩息子が付き添います。ルークは心霊現象をまったく信じていませんが、「面白そうだから」という、野次馬根性で参加します。この4人がクレイン邸に住み込んで、本当に呪いやたたりがあるのか。幽霊がいるのかを調査していく物語です。

『シャイニング』や『エクソシスト』の原点

小説『丘の屋敷』と映画『たたり』は、その後の様々なホラー作品に影響を与えてきました。たとえばホラー作家のスティーヴン・キングが書いた恐怖に関するエッセイ集『死の舞踏：恐怖についての10章』（筑摩書房）のクライマックスは『丘の屋敷』の徹底分析です。彼はこの小説の影響を非常に強く受けて『シャイニング』を書いています。

日本では漫画家の山岸凉子さんがシャーリー・ジャクスンの影響を強く受けた作家ですね。山岸さんの恐怖漫画の中でも最も怖いと言われている『汐(しお)の声』は『丘の屋敷』と同じく、幽霊屋敷の調査に霊能力を持つ女性が招かれる話です。

そして、ホラー映画史上に残る大傑作、あのウィリアム・フリードキンの『エクソシスト』（1973年）には、はっきりと『たたり』から引用した描写があります。

他にも『ブレア・ウィッチ・プロジェクト』（1999年）。魔女の伝説がある森にビデオ撮影隊が撮影に入る疑似ドキュメンタリーですが、明らかに『たたり』の小規模なビデオ版として作られています。肝心なものは何も見せない手法などもよく似ています。

『激突！』（1971年）などの原作者リチャード・マシスンは、『The Haunting of the Hill house』へのオマージュとして『The Legend of Hell House』という小説を書きました。幽霊屋敷に超常現象を研究する科学者と霊能力者たちが住み込んで、幽霊の正体を探ろうとする、という、『丘の屋敷』とまったく同じプロットです。これも1973年に『ヘルハウス』として映画化されました。

そして、『丘の屋敷』自体も『たたり』以降、何度も映画化され、2018年にはNetflixで『ザ・ホーンティング・オブ・ヒルハウス』というタイトルでドラマ化されました。

この屋敷はどこかおかしい

『たたり』は、マークウェイ博士のナレーションから始まります。原作『丘の屋敷』（創元推理文庫）の渡辺庸子さんの翻訳でそれを引用します。

「その丘の上の屋敷も、どこか夢に見るような姿で、内側に黒い闇を抱えて、いくつもの小高い丘を背にしてポツンと寂しく立っていた。これまでの80年間、この屋敷はそうして存在してきたし、この先の80年間もこのまま残っていくだろう。中に入れば、いまも壁はまっすぐに立っていて、積まれたレンガに崩れはなく、床は硬く頑丈でドアも隙間なくキチッと閉まっている。それら、屋敷を構成している木材や石材にはどこも静寂が重くおりていて、ここを歩くものは皆、ひっそりと歩くしかない」

映画では、マークウェイ博士が「この家のドアはどこかおかしい。重心が真ん中にない。だからドアを閉めたと思っても、いつの間にか開いてしまうし、開けていたはずのドアが勝手に閉まったりする」と言います。実際に映画を見ると、たとえば壁にかかっている鏡などが非常に不自然な角度で撮影されていて、観客の不安感を煽ります。

3人の死者

『たたり』は、クレイン邸が呪われるに至った経緯を再現フィルムで説明します。ヒュー・クレインは、奥さんと娘と3人で暮らすためにクレイン邸を建築します。ところが、住み始める前に、乗っていた馬車が木に激突して奥さんが亡くなってしまいます。娘のアビゲイルと2人きりで暮らし始めたクレインは、妻を失った悲しみのあまり娘を責め続けました。「神に逆らったり、罪を犯したりした者は、必ず地獄に落ちて罰せられるぞ」と、モラルハラスメントをしたんですね。クレインはすぐに後妻をもらうんですが、その後妻も階段から落ちて謎の死を遂げます。

アビゲイルは精神的に虐待されて育ったため、結婚もできず、この屋敷から出ないまま年老いていきました。アビゲイルが死んで、彼女の世話をしていた介護人がクレイン邸を相続しましたが、この介護人も自殺します。図書館の螺旋階段のてっぺんの鉄柵にロープをひっかけて、首吊りをしたんです。このショッキングな自殺シーンは、リチャード・ドナー監督の『オーメン』（1976年）やダリオ・アルジェント監督の『サスペリア』（1977年）の原点でしょう。

謎の死が3件連続したことで、「この屋敷は呪われている」という噂が広まり、誰も住む者はいなくなりました。そこにマークウェイ博士がやってきたわけです。

心霊現象を科学的に研究する

マークウェイ博士は、心霊現象や超常現象は実在するなんらかの科学的現象だろうと考えています。彼は「地球が平らだと思われていた時代には〝地球が丸い〟という考え自体が人を恐れさせただろう。仕組みがわからないから怖いだけだ。それと同じで、超常現象とか心霊現象というものは科学的に証明できるはずだ。そうなればもう怖くない。科学的に、物理的に存在するもの、実在するもので、理論さえ組み立てればいいだけの話なんだ」という考え方の人です。

こういう考えの科学者は意外に多いです。実際に霊魂の重さを測ろうとしたり、超能力を一種の電磁波みたいなものとして検知しようとしたり。『たたり』のマークウェイ博士のモデルは、イギリスの超心理学者ロバート・ソーレスではないかと思います。彼は１９４２年から44年にかけて「心霊現象研究協会（The Society for Psychical Research）」という団体の会長を務めて、霊とか超能力を科学的に研究していた博士です。

2 人の超能力者

マークウェイ博士に呼ばれた超能力者エレノア・ヴァンスを演じるはジュリー・ハリス。彼女は『エデンの東』（１９５５年）でジェームス・ディーンと父の葛藤の間に立とうとしたアブラ役で有名です。非常に地味な、ハリウッド的な華やかさのない女優さんです。彼女が演じるエレノアは32歳という設定ですけど、見た目は40歳ぐらいで、しかも心は少女のままのような女性です。というのも、32歳まで外の世界をほとんど知らないまま生きてきたからです。

幼い頃、父親が亡くなった時、彼女の家に石の雨が3日間降り注ぎました。その後に母親が病気になり、エレノアは青春も何も経験しないまま、ずっと母親の介護だけをし続けました。

教育も受けられず、就職もできず、30を過ぎて仕事の経験もなく、収入もないので姉夫婦の家に居候します。母親に人生を奪われ、シャイで、大人になりそこなったエレノアは、そこから脱出できるチャンスかもしれないと思って、この実験に参加します。

もう1人の超能力者セオドラはエレノアとは正反対で、おしゃれで社交的な大人の女性で、ＥＳＰ実験において抜群の成績を叩き出した人です。

セオドラを演じているクレア・ブルームはチャップリンの『ライムライト』（1952年）では清純そのもののバレリーナを演じていましたが、『たたり』のセオドラは、ちょっとやさぐれた、セクシーだけど男っぽい雰囲気の女性です。マリー・クワントがコーディネートした衣装も洗練されています。黒いタートルネックはその当時、「ビートニク」のファッションでした。ビートニクとは、進歩的で都会的で反体制的なカルチャーです。

屋敷の所有者の甥っ子ルーク・サンダーソンを演じるラス・タンブリンは、『たたり』の前にロバート・ワイズ監督が撮った『ウエスト・サイド物語』（1961年）でナイフ使いのうまい不良を演じて大スターになりました。『たたり』で演じるルークは金持ちのバカ息子ですが、やはり不良ですね。

バル・ロートンとオーソン・ウェルズ

監督のロバート・ワイズは『サウンド・オブ・ミュージック』（１９６５年）や『ウエスト・サイド物語』といったミュージカル映画の巨匠として知られていますが、デビュー作は『キャット・ピープル』（１９４２年）の続編『キャット・ピープルの呪い』（１９４４年）というホラー映画です。デビューしてから3本くらいはホラー映画を連続して撮っているんですね。だから『たたり』で彼の本領が発揮されています。

ロバート・ワイズには師匠が2人います。1人は『キャット・ピープルの呪い』のプロデューサー、バル・ロートン。彼が製作した映画はどれも低予算ですが、ホラーでもサスペンスでも、観客に怖いものを直接見せないで、影だけで想像させるテクニックが共通しています。特に『キャット・ピープル』は、セックスすると猫に変身するという奇妙な呪いをかけられたイレーナ（シモーヌ・シモン）の物語ですが、猫人間そのものは画面に映りません。それらしい影だけで観客の想像力をかきたてます。このテクニックをロバート・ワイズも『たたり』で使っています。

『たたり』ですごいのは影の表現だけじゃありません。たとえば、カメラのすぐ近くに立つエレノアのアップと、カメラからずっと遠いところで博士とセオドラが話している様子が一つの画面で同時に映ります。しかも、手前と画面奥のどっちの被写体にもきっちりとピントが合っているんですよ。これは「パンフォーカス」という撮り方です。広角レンズを使って強い照明を当てて絞り値を小さくすると、被写界深度がこんな風に深くなるんです。

このパンフォーカスは、オーソン・ウェルズ監督が『市民ケーン』(1941年)で使ったことで有名です。で、ロバート・ワイズのもう1人の師匠がオーソン・ウェルズなんですよ。ロバート・ワイズはオーソン・ウェルズのアシスタントとして『市民ケーン』とか『偉大なるアンバーソン家の人々』(1942年)を一緒に作っているんですね。編集を手伝ったりしています。

つまり、『たたり』は、バル・ロートンとオーソン・ウェルズという2人の偉大な師匠のテクニックを継承しているんです。

あなたの悲鳴は誰にも聞こえない

『たたり』は基本的にエレノアの視点から、彼女の独白がナレーションとして聞こえるようになっています。

エレノアは姉夫婦の自動車を盗んでクレイン邸に来ました。彼女はお金もないし、帰るところもなくてヤケクソです。

屋敷に入る時、エレノアは「ここに入っちゃダメ。今、逃げなきゃダメ。入ったらおしまいよ！」という感覚に襲われます。ところがそれと同時に「この家は今までずっと私が来るのを待っていたんだわ」とも感じます。

でも、帰る場所がないエレノアが意を決して屋敷に入ると、あちこちに鏡が置いてあって、それに映った自分を見てエレノアが驚きます。「Afraid of one's own shadow（自分の影にすら怯える）」というのは臆病さを意味する英語の慣用句ですが、この鏡は重要です。

屋敷を案内した管理人ダッドリーは「暗くなる前に私はこの屋敷を出ます。暗くなったら、絶対に私はこの屋敷にいません」と言います。「だから、暗くなったら、あなたがたの悲鳴は誰にも聞こえません」。このセリフは『エイリアン』（1979年）の宣伝コピー「宇宙ではあなたの悲鳴は誰にも聞こえない（In space, no one can hear you scream.）」の原典です。『エイリアン』も一種の幽霊屋敷ものですよ。宇宙船がお屋敷みたいな形でしょ。

『エイリアン』（1979年）

この家はあなたを呼んでいる

エレノアはセオドラに会ってすぐ、「ネル」と呼ばれます。

「どうして私のニックネームを知ってるんですか？」

「〝ネル〟は愛情を込めたエレノアの呼び方でしょう？　私もセオドラだけど〝セオ〟って呼んでいいからね」

さらにセオドラはエレノアの地味な服を見て言います。

「あなた、買ったばかりの服はすぐに着た方がいいわよ」

「私が新しい服を買ったって、なんで知っているの？」

「そう顔に書いてあるわよ」

この不思議な会話も伏線になっています。

家に入ってしばらくすると、エレノアは「この家は何かがおかしい」と気づきます。「家そのものが生きてる感じがする」。

そして「セオドラはこれを感じてないんだわ。私だけが感じている。私は選ばれたのよ」と誇らしく思うんです。するとセオドラも「この家は生きてるわ」って言うんですね。エレノアはがっかりします。ところがセオドラに「ネル、この家はあなたを呼んでいるわ」と言われてまたちょっと誇らしくなるんですね。

これで、エレノアの幼児性がわかると思います。

4人は食事をしながら超能力について話し合います。超常現象とかエスパーの能力についての会話になります。エレノアが石の雨を降らせたのは「ポルターガイスト」だと言われます。ポルターガイストは「騒ぐ霊」という意味の心霊現象ですが、マークウェイ博士はそれは霊ではなく、サイコキネシス（念動力）という超能力だと考えています。

当時はアメリカ軍やソ連軍も、超能力を実体のあるものとして物理的に証明しようとしていました。軍事利用するためです。これは世界的な潮流でした。

ドアノブ

夜、ベッドに入ったエレノアは「ドーン！　ドーン！　ドーン！」という不思議な音を聞きます。セオドラにも聞こえています。足音なのか、何かを叩いているのか、胸に耳を近づけて聞いた時の心臓の鼓動のようでもあります。この家自体が生きていて、その心拍音のようにも聞こえます。

ところが今度はその音が足音のように廊下を近づいてくるんです。エレノアとセオドラの寝室に向かって。ついにはドアを叩き始めます。ガン！　ガン！　ガン！　さらにドアノブを回して、開けようとします。

『たたり』はまったくSFXを使っていません。ただ、何者かがドアを開けようとしている。

メデューサの頭の形になっているドアノブが回るクローズアップ。エレノアは叫ぶ。

「入ってこないで！　来ちゃダメ！」

それで何者かは去っていったようです。ところがその騒ぎは博士とルークにはまったく聞こえていなかった。超能力を持っている2人の女性にしか聞こえていなかったわけです。

信頼できない語り手

次は廊下に「Help Eleanor Come Home」というチョークによる落書きが見つかります。これはもちろん、キングの『シャイニング』で「REDRUM」という謎の文字が浮かぶシーンの原形です。

エレノアは「これは幽霊が書いたメッセージよ」と主張しますが、セオドラは「これ、みんなの注目を集めるためにあんたが自分で書いたんじゃないの？」と言います。観客も、精神が不安定なエレノアの主観をあまり信頼できません。エレノアはいわゆる「信頼できない語り手」なんです。

たとえばオットー・プレミンジャー監督の『バニー・レークは行方不明』（1965年）では、「私の娘、バニー・レイクが誘拐されました」と言う母親（キャロル・リンレイ）があまりにも神経質そうなので、観客は「そもそもバニー・レークなんて実在するのか？」と疑わしくなってきます。しかも彼女の兄が出てきて、こう言います。「彼女には子どもの頃、バニー・レイクというイマジナリーフレンドがいたんです」。

想像上の友達

ロバート・ワイズ監督が最初に撮った『キャット・ピープルの呪い』も、イマジナリーフレンド（想像上の友達）についての話です。

前作『キャット・ピープル』は、先述したように、セックスすると猫人間になってしまうヒロイン、イレーナの話ですが、猫人間の姿をシルエットでしか見せないので、セックスを恐れるイレーナの妄想なのかもしれない。曖昧だからこそ観客は不安になります。『キャット・ピープル』は1981年にリメイクされましたが、ヒロインのナスターシャ・キンスキーが特殊メイクで黒ヒョウになるのをはっきり見せています。視覚的には面白いですが、かえって観客に不安感を与えないんです。

さて、ロバート・ワイズが監督した『キャット・ピープルの呪い』は、想像力が豊かで空想好きで、そのために孤独な少女が、キャット・ピープルの話を聞いて、前作で死んだイレーナを想像し、友達になります。つまりイマジナリーフレンドです。少女はイレーナに救われ、そしてイレーナに別れを告げて成長します。『インサイド・ヘッド』（2015年）みたいな話ですね。

そして『たたり』では、エレノアのイマジナリーフレンドが、丘の屋敷なんです。

ねじの回転

幽霊を本当なのか妄想なのか曖昧に描く手法で最も有名なのはヘンリー・ジェイムズの『ねじの回転』という小説です。これは『回転』（１９６１年）というタイトルで映画化されています。

『ねじの回転』も幽霊屋敷の話です。イギリスのお屋敷に女性の家庭教師が住み込みでやってくる。そこには男の子と女の子がいて、彼女の前にいた家庭教師は謎の死を遂げている。彼女は下男とセックスに溺れた果てに心中したらしくて、２人の幽霊が出ると言われている。

面白いのは、２人の幽霊は、少年少女をセックスの世界に引きずり込もうとしているらしいんです。映画『回転』の原題は『The Innocents（純粋無垢な者たち）』です。ヒロインの家庭教師は、情死したカップルの霊の誘惑から純粋無垢（イノセント）な少年少女を守ろうとします。この『ねじの回転』でも、幽霊を目撃するのはヒロインの家庭教師だけなので、もしかしたら彼女がセックスへの恐怖から作り出した妄想かもしれないわけです。

『ねじの回転』と『丘の屋敷』に共通するのは、どちらもヒロインが中年になった現在まで恋愛というか、性的な経験が一切ない女性だということです。

エレノアは母の介護に疲れ果てて、ある晩、母が自分を呼んでいるのに部屋に行かなかったら、翌朝、母親は死んでいました。それで「自分が母さんを殺した」という罪悪感に囚われています。彼女がそれを告白すると、マークウェイ博士は「仕方がなかったんだ。君は疲れてたんだから、罪はないよ」と言って慰めてくれました。そこからエレノアは博士に気持ちが傾いていきます。生まれて初めて彼女を認めてくれたのが博士なんですね。

エレノアは、ウィリアム・シェイクスピアの『十二夜』からの引用で「長い旅の終わりには恋人に会える」という言葉を繰り返します。ここに来たのはこの博士と会うためだったんだ。私を本当に愛してくれる人と会うためにここに来たんだわ、という、少女漫画じみた妄想に囚われていきます。

あれは誰の手？

その夜、エレノアが寝室で横になりながら壁紙の唐草模様をじっと見つめていると、それがだんだん人の顔に見えてきます。これはシミュラクラ現象とかパレイドリアと呼ばれる心理効果ですね。

するとと今度は男がお祈りをしている声が聞こえてきます。そして女の人の泣き声も。おそらくお祈りをしている男の声は妻の死を嘆くクレイン、泣いているのは彼に責められる娘アビゲイルちゃんの声でしょう。エレノアは怖くなって一緒に寝ているセオドラの手を握ります。ところがセオドラの方が強く握り返してきたので、エレノアは思わず「痛い！　そんなに強く握らないで！」「やめて！」と叫びます。

それでセオドラが灯りをつけます。明るくなって見ると、セオドラが寝ているのはエレノアから遥かに離れた部屋の端っこでした。

えっ？　じゃあいま、暗闇の中でエレノアの手を握っていたのは誰？

これは映画史に残る恐怖シーンです。特撮も何も使ってないのにね。

隠された同性愛

博士たちは屋敷の図書室で、クレインが作った本を見つけます。それはスクラップブックで、フランシスコ・デ・ゴヤやギュスターヴ・ドレやウィリアム・ブレイクが描いた地獄の絵を集めた、怖い怖い怖い怖い本です。クレインはその本を使って「地獄に落ちるぞ」と、娘アビゲイルを責め立てたらしい。これを見たエレノアは、屋敷に向かって呼びかけます。

「ヒュー・クレイン、出てきなさい！　あんたがその醜い心で作った家はなんて醜いの！」。

ところがセオドラはエレノアを「あんた、世の中はみんな汚くて、自分だけが綺麗なつもりなのね」と嘲笑します。エレノアは「世界は不自然なことばかり。あなたもね」とセオドラに言い返します。すると、「不自然」という言葉に、いつも気丈なセオドラがなぜかドキッとするんです。

原作には、このシーンの続きがあります。セオドラはレズビアンなんです。もともとのシナリオもセオドラが同性愛の彼女に捨てられるシーンから始まっています。ただ、当時はヘイズコードというハリウッドの自主倫理規定のせいで、同性愛描写ができませんでした。

原作者のシャーリイ・ジャクスンは、隠れバイセクシャルだったのではないかという説があります。ホラー小説の女流作家では『レベッカ』や『鳥』の原作者ダフネ・デュ・モーリエも、結婚していたけど女性の恋人がいたと言われます。『太陽がいっぱい』『見知らぬ乗客』の原作者パトリシア・ハイスミスは女性しか愛さない人でした。『ダロウェイ夫人』を書いたヴァージニア・ウルフ、詩人のエミリー・ディッキンソンもレズビアンだったという研究が進んでいます。同性愛が差別されていた時代には、それを隠して男性と結婚したりして、小説の中で本音を書く人もいたんですね。

膨らむドア

映画の方では、エレノアは、セオドラよりもマークウェイ博士にもっと強く惹かれているように描かれています。ところがそこにマークウェイ夫人が現れるんですね。「こんなバカげた実験して……」とか言いながら。

マークウェイ夫人を演じるロイス・マクスウェルは、初期の『007』シリーズでジェームズ・ボンドの上司Mの秘書マネーペニー役で知られています。エレノアは博士が独身だと勝手に思い込んでいたのでショックを受けます。

マークウェイ夫人はアビゲイルの部屋に泊まることになります。そしてまた夜に「ドーン、ドーン、ドーン……」と、屋敷の心臓音のようなあの足音が聞こえてきます。

今度はエレノアだけでなく、博士とルークもその足音を聞きます。鍵がかかっているドアの向こう側から得体のしれない力が押してくるんですね。分厚い木のドアが廊下側から押されて部屋の内側に向かって膨れて、「ビキビキビキッ！」とドアが歪みます。

『エクソシスト』で悪魔に憑かれた少女リーガンが「ギャーッ！」と叫ぶとドアがバーン！と閉まってドアが廊下側からグーッと押されて「ビキビキビキッ！」と膨らんだように割れるシーンは、『たたり』が元ですね。

そしてドア自体が深呼吸をしている人の胸のように膨らんだりへこんだりします。この屋敷自体が息をしている、生きているようです。『家』（１９７６年）というホラー映画がありまして、それは完全に家自体が生きていて、住む人を食ってしまう話ですが、それも『たたり』の強い影響を受けています。

最初は懐疑的に

また、『エクソシスト』は『丘の屋敷』や『ねじの回転』と同じく、怪奇現象なのか、妄想なのかはっきりさせない手法を使っています。『エクソシスト』の前半では、少女リーガンが悪魔に憑かれたわけじゃなくて、単に精神的におかしくなっただけのようにも見えるんです。『エクソシスト』には最初に教会のマリア様の像に粘土でペニスと乳房がつけられるシーンがありますが、あれはどう考えてもリーガンがやったいたずらですよね。『たたり』で壁に書かれた「ＨＥＬＰ」も、エレノアが自分で書いたものかもしれない。

悪魔払いを依頼されたカラス神父ですら「まさか悪魔なんて」と懐疑的です。彼は観客の心理を代表しています。でも、次々と超常現象を目撃するうちに彼の疑いはだんだん崩れていきます。

カラス神父は、リーガンのお腹にミミズ腫れで「ＨＥＬＰ」という文字が浮かび上がっているのを見ます。これも『たたり』の「ＨＥＬＰ」からの引用だと思います。

いきなり悪魔や幽霊の姿を見せられても、観客は「どうせ映画だ」と思うだけですが、最初は「悪魔とか幽霊とかバカバカしい」という観客の感情と同じスタート地点から始めて、少しずつ異常事態を目撃させて、観客を不安にしていくのが、怖いホラー映画の極意だと思います。

消えたマークウェイ夫人

さて、ドアから入れなかった幽霊らしき存在の足音はそこから遠ざかっていきます。で、2階に上がって、マークウェイ夫人が寝ている部屋に向かっていきます。天井を足音が移動していくのが1階にいる博士とエレノアたちからわかるんです。

彼らが部屋に駆けつけてみると、夫人はいません。みんなで夫人を探し回るんですが、エレノアはすっかり幽霊屋敷に取り憑かれて、踊りながら、鉄の螺旋階段に近づきます。前に介護人が首吊り自殺をした、あの階段です。

天国への階段を上っていくエレノアを博士は必死で追いかけて助けます。観客がほっと緊張を緩めたその瞬間、天井が「バターン!」と開いて、恐ろしい形相の女性の顔が飛び出します。ここで観客みんな椅子から飛び上がるわけです。絶妙ですね。

もう、エレノアの精神状態は限界だ、ということで、博士たちは彼女を無理やり車に乗せて帰そうとしますが、彼女は拒みます。

「私には帰るところもないし、この家が私を欲しがってるんです。この家は生きてるんです。私を求めてるんです」

でも、博士は有無を言わさずに車を発進させます。

エレノアが庭を走っていくと、車の前に真っ白な服を着た女性の影がバッと飛び出します。エレノアはそれを避けようとハンドルを切って、木に激突して即死します。

ハッピーエンド?

じゃあその白い女性は誰か？　マークウェイ夫人なんです。「私、怖かったから、家の中を逃げているうちに迷ってしまって、屋根裏に入ってしまったの」。

つまりさっき天井から飛び出してきた恐ろしい顔の女性は、マークウェイ夫人だったんですね。超常現象は何もないんです。

さらにルークは「エレノアの車は、この木に向かってまっすぐ突っ込んでいきました。自殺ですよ」と言います。この映画は、とにかく観客が見ているものをひっくり返し続けて不安にさせます。

博士は車が激突した木を見て言います。

「これは屋敷の持ち主のクレイン夫人の馬車がぶつかって死んだ木だ。ここは恐ろしい場所だ。みんな、もう出よう」

セオドラは「でも、エレノアは幸せなはずよ」と言います。博士もうなずきます。

「この家は求めていたものを今、手に入れたんだ」

最後に流れるナレーションは、冒頭のナレーションと同じです。ただ、オープニングを朗読したのは博士でしたが、エンディングではエレノアの声になります。

「屋敷を構成している木材や石材にはどこも静寂が重くおりていて、ここを歩く私たちは皆、ひっそりと歩くしかない」

主語は「私たち」に変わっています。エレノアは、幽霊としてこの屋敷に住むことになったんです。一種のハッピーエンドといえるかもしれません。

クレイン邸の鏡

スティーヴン・キングは、『死の舞踏』で『丘の屋敷』について、こう書いています。

「もしかしたら、この丘の屋敷には幽霊など最初からいなかったのかもしれない。実はすべてはエレノアの鏡だったのかもしれない」

鏡といえば最初に屋敷に入ったエレノアが鏡を見て驚きましたよね。

キングはこう考えています。

まず、『丘の屋敷』では、エレノアが子どもの頃、石の雨が降ったのは客観的事実として描かれています。つまり、彼女がサイコキネシスを持っているのも事実とされているんです。それに、セオドラがエレノアと初めて会った時、彼女のニックネームを当てて、彼女が新しい服を買ったことも知っていましたね。あれもセオドラにテレパシー能力があるからです。幽霊は存在しなくても、超能力は現実として描かれているんです。

だから、屋敷の足音も、ドアを廊下から押したのも、実は幽霊じゃなくてエレノアが無意識でサイコキネシスでやっていたと考えられます。エレノアは博士に奥さんがいることを知って、無意識のうちにマークウェイ夫人を憎み、彼女に向かって憎悪の念を走らせたのでは？

「この屋敷は鏡なんだ」とキングが言うのは、屋敷がエレノアの能力を反射炉のように増幅したんだという意味です。だから屋敷には鏡がいっぱいあるんです。

『シャイニング』と『たたり』

面白いのは、スティーヴン・キングが『丘の屋敷』に影響を受けて『シャイニング』を書いたということなんです。

『シャイニング』は、オーバールック・ホテルの閉鎖期間中の留守番をする売れない作家ジャックが主人公の幽霊屋敷ホラーです。エレノアと同じくジャックは屋敷に魅入られていきます。また、ジャックの息子ダニーは、エレノアと同じくシャイニングという超能力を持っています。

スタンリー・キューブリック監督による映画版『シャイニング』（1980年）はもっと『丘の屋敷』に似ています。つまり、屋敷の幽霊はすべてアルコール依存症のジャック（ジャック・ニコルソン）の妄想のように見えるんです。ダニーは謎の女性に襲われたと証言しますが、自分を虐待した父親をかばって嘘をついたようにも見えます。

ジャック自身も、血の洪水と双子の姉妹を見ますが、それは幽霊ではなく、この屋敷で過去に起こった惨劇を超能力で見ているんでしょう。

ところが1カ所だけ、妄想か超能力では説明がつかない箇所があります。ジャックが奥さんに食料倉庫に閉じ込められた時、ホテルの幽霊が物理的に鍵を開けてくれるシーンですね。そこだけは幽霊が存在しないと説明がつかない。キューブリックは、わざとハマらないパズルのピースを紛れ込ませて観客を不安にするんですね。

映画『シャイニング』の結末は、ジャックが幽霊屋敷の一部になりますが、これも『丘の屋敷』そっくりですね。でも、そ

『シャイニング』（1980年）

れはキューブリックの考えたエンディングで、スティーヴン・キングの原作では、ジャックがボイラーを暴走させて屋敷を爆破してしまうんです。

キングの原作ではジャックが爆死する前に息子ダニーに「お前を愛している」と言い残しますが、それを削除した映画版に対してキングは「エンジンのないキャディラック」、つまり心がないと怒っています。でも、『丘の屋敷』に影響されて『シャイニング』を書いた」と言っているキングよりも、キングの原作を勝手に変えたことで怒られているキューブリックの方が『丘の屋敷』に寄せた内容にしているというのは、面白いですね。

先述した『ヘルハウス』は、『丘の屋敷』と設定はそっくりなのに、逆に心霊現象や幽霊を完全に実在するものとして描いています。霊の力で皿が宙を飛び、シャンデリアが落ち、暖炉が火を噴くスペクタクルが見せ場になっています。

エコーチェンバー

キングの「鏡」というたとえからすると、丘の屋敷はエレノアの妄想や超能力を内部で反射して増幅する、一種の「エコーチェンバー」だったのかもしれません。エコーチェンバーとは壁が音を反射するように作られた密室のことです。

最近、ＳＮＳはエコーチェンバーで、「あいつは嫌だよね」と言うと、みんなが同調して「嫌だよね！」という反応が、まるでエコー（こだま）のように返ってきます。反対意見はミュートしてしまえば、自分の考えを肯定する声しか聞かないですむ。すると、客観的に自分を見る視点が失われて、自分の勝手な思い込みや陰謀論がどんどん増幅されていく。それはそれで居心地のいい空間なわけです。永遠に成長しなくていいから。エレノアのように。

The Night of the Hunter

人が人を裁くということ

『狩人の夜』

1955年／アメリカ
監督 チャールズ・ロートン
出演 ロバート・ミッチャム、シェリー・ウィンタース、リリアン・ギッシュ、ジェームス・グリーソン、イヴリン・ヴァーデン

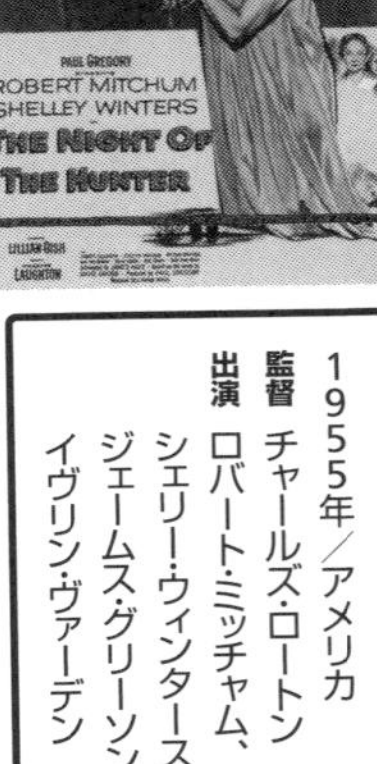

ジャンル分けの難しい不思議な映画

『狩人の夜』の「狩人」は、ロバート・ミッチャム扮する殺人鬼を意味します。彼に追われた幼い兄妹が、知恵をめぐらせて逃げる物語です。ちょっと『ヘンゼルとグレーテル』のような、

おとぎ話みたいでしょう？　でも、描かれているのは歪んだセックスや狂気や暴力です。つまり子どもに見せられない童話です。

しかも『狩人の夜』は、娯楽映画のようでアート映画のようでもある。ホラーのようでコメディのようでもある……。ジャンル分けできないんです。そのため、公開当時は「なんだかわからない」ということでアメリカでもまともに評価されませんでした。『狩人の夜』は、名優チャールズ・ロートン唯一の監督作です。『狩人の夜』が興行的に失敗した後は監督作がなく、彼は公開から7年後の1962年に亡くなりました。

その後、『狩人の夜』はテレビで放映されて、その不思議な感覚に多くの人が衝撃を受けました。その中にはデヴィッド・リンチ、ブライアン・デ・パルマ、マーティン・スコセッシ、コーエン兄弟、スパイク・リーなど錚々たる巨匠たちがいます。彼らは『狩人の夜』に影響を受けた作品を撮っています。

たとえば、『狩人の夜』で、未亡人を狙って殺すニセ牧師のハリーは、いつも「主の御手に頼る日は」という賛美歌をハミングしています。コーエン兄弟の『レディ・キラーズ』（2004年）で、老婦人を殺そうとする男（トム・ハンクス）は同じ賛美歌を歌うんです。それにコーエン兄弟の傑作西部劇『トゥルー・グリット』（2011年）では、この賛美歌が物語のテーマとして使われています。

LOVE&HATE

『狩人の夜』でもっとも有名なのはハリーが入れている「LOVE&HATE」の刺青ですね。ハリーは右手の指の第2関節と第3関節の間に「LOVE」、左手の同じ場所に「HATE」と刺青を入れています。

この「LOVE」と「HATE」はいろんな映画に出てきます。最も有名なのはあのスパイク・リー監督の『ドゥ・ザ・ライト・シング』（1989年）で、でっかいラジカセをいつも背負って歩いている黒人の大男ラジオ・ラヒームは、右手と左手にラブとヘイトの文字を象（かたど）ったメリケンサックをはめて、ハリーみたいな説教をします。

トビー・フーパー監督の『悪魔のいけにえ2』（1986年）で、キリスト教福音派の男（デニス・ホッパー）がチェーンソー一家に二挺チェーンソーで挑むんですが、右手のチェーンソーがラブで左手のチェーンソーがヘイトでした。

それにロブ・ゾンビ監督の『デビルズ・リジェクト　マーダー・ライド・ショー2』（2005年）の殺人ファミリーのリーダー、キャプテン・スポールディング（シド・ヘイグ）の拳にもラブ&ヘイトの刺青が入っていました。

ハリーは「人生というものは愛と憎しみの戦いなんだ」と言いながら右と左の拳をぶつけま

す。それが映画全体のテーマになっています。ハリーは、「でも、最後には愛が勝つ」と説教するんですが、そう簡単に断言するのは宗教ですね。でも、映画や芸術はその戦いを見せるんです。簡単に決着がつかないからこそ、我々は苦しみ続けてるし、それが生きることなんですね。

おとぎ話の星空

星空に浮かぶ顔
眠れ、よい子よ
夜の狩人は
子どもの夢を恐怖で満たす
でも恐怖も夢だから
夢見てお眠りよ

『狩人の夜』はそんな子守唄と、星がキラキラ輝いている夜空から始まります。いかにもおとぎ話らしい始まりです。

その星空はあまりにキラキラしているので作り物のように見えるんですが、実際、電球を使った作り物です。その星空におばあちゃんの顔が浮かび上がります。美しく可愛らしいおばあちゃんです。彼女はリリアン・ギッシュという、サイレント時代の大スターです。あの巨匠D・W・グリフィスの映画のヒロインで、彼女の顔を大きく見せるためにクローズアップという手法が生まれたといわれます。映画史上最大の超大作といわれるグリフィスの『イントレランス』（１９１６年）でもリリアン・ギッシュが主演していますが、「イントレランス」とは「不寛容」という意味で、古代から現代まで４つの時代における差別や迫害を並行して描くオムニバス映画です。その４つの時代を結ぶのが、リリアン・ギッシュ演じる母親が、赤ちゃんをのせたゆりかごを優しく揺らす映像です。彼女は人類の歴史を見守る神を意味しています。

この『狩人の夜』の彼女も神のような存在です。星空からリリアン・ギッシュは「さあ、子どもたち。みんな先週の日曜日に話したことを覚えているかい？」と語りかけます。

『狩人の夜』の星空はデヴィッド・リンチに大きな影響を与えました。リンチの出世作『エレファント・マン』（１９８０年）で、生まれつき体が歪んでいたことで差別を受けた実在の人物ジョン・メリックが、お母さんのことを思う時にこんなキラキラした星空が出てきます。その次にリンチが撮ったSF超大作『デューン／砂の惑星』（１９８４年）でも、冒頭、キラキラした星空を背景に銀河帝国の王女イルーラン姫（バージニア・マドセン）が銀河帝国の歴史を話します。それに『ストレイト・ストーリー』（1999年）でも、星空にナレーションが流れました。『狩人の夜』の映画の星空は、デヴィッド・リンチの記憶に深く刻み込まれたんですね。

コーエン兄弟の『トゥルー・グリット』にも星空が出てきましたね。ヒロインのマティ（ヘイリー・スタインフェルド）が毒蛇に噛まれてしまって、彼女を抱えた保安官ルースター・コグバーン（ジェフ・ブリッジス）が夜道を走り続ける。その上にあるのは、キラキラと人工的な、『狩人の夜』の星空なんですよ。それは天の上にある神様の世界を意味しています。

4つの教訓

リリアン・ギッシュは星空から「イエス様が山に登って人々に告げたことを覚えてる？」と問いかけます。新約聖書のマタイ伝に出てくる「山上の垂訓（すいくん）」のことですね。

ここでリリアン・ギッシュはキリストの言葉から4つの教訓を引用します。

1つ目は「心の純粋な者たちは幸いである。彼らは神に会えるだろう」。

2つ目は「ソロモン王の栄光も、野に咲く百合の花の美しさにはとても及ばない」。

3つ目は「人は他の人を裁いてはいけない」。人を裁くことができるのは神だけだからです。

最後の4つ目は「ニセ預言者に気をつけろ」預言者とは神様の言葉を語る人のことです。

「ニセ預言者は羊の皮をかぶって人に近づいてくるけれども、その皮の下には狼が隠れているよ」とリリアン・ギッシュは言います。

この4つの教訓は『狩人の夜』という物語の意味を説明しています。

ロンリー・ハーツ殺人

すると、神の視点で空から田舎町を撮ったショットになります。1955年当時に、この空撮はすごいですね。

上空からカメラがズームしていくと、子どもたちがかくれんぼをして遊んでいます。子どもたちが地下室に入る扉を開けると、そこに女性の足が見えます。死体です。次のカットでニセ牧師ハリーが車に乗って走っている。さっきの女性を殺して逃げているんです。この男は実在の殺人者ハリー・パワーズをモデルにしています。

禁酒法と大恐慌の1930年代、ハリー・パワーズは「ロンリー・ハーツ殺人」で逮捕されました。英米の新聞にはロンリー・ハーツ（寂しい心）という個人広告欄があったんですよ。そこには未亡人や独身の人々が「誰か話し相手になってください」と広告を出したりしていました。今でいう「出会い系」ですね。ちなみに、ザ・ビートルズの1967年のアルバム

『Sgt. Pepper's Lonely Hearts Club Band（サージェント・ペパーズ・ロンリー・ハーツ・クラブ・バンド）』は、そういう出会い系のパーティで演奏するバンドを意味しています。

ハリー・パワーズはそういう広告を見ると、寂しい未亡人に近づいて「ちょっとお金に困っているので、お金をください」とか言って、金をふんだくって殺して逃げていました。そして、その未亡人の子どもも殺しちゃったんです。彼は捕まって死刑になりましたが、世間に大きな衝撃を与えました。

ナイフとストリップ

ハリー・パワーズをモデルに小説『狩人の夜』を書いたデイビス・グラブは、ハリーをニセ牧師にしました。キリストの教訓に出てきた「ニセ預言者」ですね。

ハリーは牧師のふりをして未亡人を安心させて近づくだけじゃなくて、自分がしていることは神から授けられた使命だと本気で信じています。未亡人を殺した後、神様に「また殺しましたよ。私は神の僕(しもべ)です。一生懸命働いています」と報告するんですよ。

さらにハリーは「そういえば聖書って、殺しの話ばっかりですね」と言います。実際、旧約聖書は殺人や復讐の話ばっかりですね。「未亡人のくせに夫に操を立てないで新しい夫を求めてるような女は、神様の代わりに私が殺して差し上げてるんですよ！」。

このへん、マーティン・スコセッシ監督の『タクシードライバー』（1976年）で道端の娼婦を見ながら「掃除してやる」と日記に書くトラヴィス（ロバート・デ・ニーロ）に似ているんですが、偶然ではありません。

ハリーは神に祈った後、ストリップを見に行くんです。ただ、女性の体を見ながらニヤニヤするんじゃなくて、逆に、ものすごい怒りの表情を浮かべます。そして、ポケットの中で殺しに使っている飛び出しナイフのボタンを押します。ポケットを突き破って、ナイフの刃が飛び出します。

おそらくハリーは性的不能なので、ペニスの代わりにナイフを立ててるんです。

このシーンは、『タクシードライバー』にものすごい影響を与えていますね。トラヴィスは夜中の映画館でハードコアポルノを観ながら、指で拳銃の形を作って、そのハードコアポルノの女優に向かって「バンバン！」って撃つ真似をするんですよ。

『狩人の夜』のハリーも『タクシードライバー』のトラヴィス

『タクシードライバー』
（1976年）

も、性的不能感を女への憎しみ、殺意に転化させているんです。

ストリップを見ながらナイフを突き立てたハリーは神様にこう語りかけます。「罪深き女が多すぎますね。こりゃあ、全部殺すのは大変だ！」。

映画始まって5分でこれですから。いかに狂った童話か、わかりますね。

強盗パパとニセ牧師

次にさっきと違う田舎町でジョンとパールという幼い兄と妹がお人形で遊んでいます。ボロ布を縫った手作りの人形です。でも、この庭には花がいっぱい咲いていて、楽園のように見せています。

そこに『スパイ大作戦』のフェルプス君こと、ピーター・グレイブスが演じるパパが帰ってきます。片手に札束、片手に拳銃、後ろからはパトカーのサイレンが聞こえます。明らかに強盗をしてきたんですね。

パパは「1万ドルあるぞ！」と言います。当時の1万ドルは、今の1000万円ぐらいの価値があると思います。パパは長男のジョンに言います。「パパの言うことが聞けるか？　このお金の隠し場所は誰にも言うな。妹を守るんだ。わかったね？」って。いいパパですね。強盗するのが玉に瑕だけど。

パパは子どもたちの目の前で、警察官に取り押さえられます。ジョンは「パパにひどいことしないで、おまわりさん！」って泣いてるのに。

強盗パパが刑務所に入ると、同じ房に殺人牧師ハリーがいます。で、うっかり強盗パパは「金の在り処は子どもが知っている」と口走ってしまいます。「聖書にもありますな。〝小さな童が皆を導く〟」。

それはきっと旧約聖書イザヤ書11章ですね。神様の楽園についての描写で、肉食獣が草食獣と一緒に暮らしている世界です。狼が子羊と、豹も子ヤギと、ライオンも子牛と仲良くしているユートピア、そのリーダーは幼い人間の子どもだと書いてあるんです。

ニセ牧師ハリーは例の飛び出しナイフを見せます。「牧師のくせにナイフを持っているのか？」と聞かれて、ハリーは聖書のキリストの言葉、「私は平和のために来たのではない。剣をもたらすために来たのだ」を引用します。自分は神の使命で殺していると思い込んでいますからね。

結局、ジョンとパールのパパは強盗の時に2人殺しちゃったから絞首刑になります。「人は人を裁けない」のにね。

ジョンとパールは近所の子どもから「絞首刑！　絞首刑！」という歌でいじめられます。

セックスへの憎しみ

そこにハリーが訪れます。「教誨師としてあなたの旦那さんが死刑になる前に最後の祈りを聞いたのは自分です」と嘘をついて、未亡人ウィラ（シェリー・ウィンタース）に近づきます。ハリーを演じるロバート・ミッチャムは、当時セクシー俳優でした。若い頃は流れ者で、俳優になってからもマリファナ所持の容疑で逮捕されたり、アウトローな魅力がある人でした。

未亡人ウィラはハリーにメロメロになって再婚しちゃいます。ハリーの目当てはお金で、子どもたちに「お金はどこ？」ってしつこいんで、ジョンは気がついて再婚に反対しますけどね。

初夜、ウィラがネグリジェを着てベッドに入ってくると、ハリーは「何をしてるんだ？」と怒ります。彼女を鏡の前に立たせて、「自分の姿を見ろ。いやらしい気持ちでいっぱいだろ？」と説教します。「セックスなんて、子どもを作ればそれでいいんだ。お前には子どもが2人いるんだから、もうセックスする必要はない。結婚というのはセックスじゃなくて、魂同士の結びつきなんだ。欲望のためにセックスしたいなんて、恥と思え！　お前は罪人だ！」

と責めたてます。

ハリーは性的不能だから、女性の欲望を憎んでいます。このシーン、原作ではウィラを全裸で立たせるんですが、さすがに1955年の映画なので、ネグリジェを着てますけどね。

ウィラを演じるシェリー・ウィンタースはスタンリー・キューブリック監督の『ロリータ』（1962年）でも未亡人役でした。彼女の娘ロリータ（スー・リオン）が目当てのロリコン親父ハンバート・ハンバート（ジェームズ・メイソン）と再婚しますが、大人の女には全然興味がないハンバートがセックスしてくれないから、自殺しちゃうんです。

セックスレスの欲求不満で、ウィラは宗教にのめり込んでいき、ハリーと一緒にキリスト教福音派の伝道に没頭します。人々を集めて火を焚きながら「欲望がある人たちは地獄で炎に焼かれるのよ！」と説教します。それで宗教的エクスタシーで、マゾヒスティックな快感に浸っていくという……もう全然、子ども向けの内容ではありません。

法悦

例の1万ドルはどこにあるか？　というと、妹のパールちゃんがいつも抱っこしているお人形さんの中に隠されています。ただパールは幼すぎて、状況がわかっていないから、新しくパパになったハリーに懐いちゃって、膝の上に乗ったりしちゃってるんですね。だからいつ金の在り処を言うかわからないんですよ。でもそれを言ったら、おそらく一家皆殺しにされるでしょう。現実のハリー・パワーズがそうしたように。

ある暗い霧の夜、ハリーがまたパールに「お金はどこ？」って聞いているところをウィラが見てしまいます。

この暗い霧の中に浮かび上がる家にウィラのシルエットが帰ってくるショットは、ウィリアム・フリードキン監督の『エクソシスト』（１９７３年）のポスターにもなった有名なショットの元になりました。エクソシスト（悪魔祓い師）のメリン神父が悪魔に憑かれた少女リーガンの家にやってくるシーンですよ。

そこでウィラはついに気づきます。「この人はお金目当てなんだ。私を愛していたわけじゃないんだわ」と。で、心が死んでしまって、放心状態になります。

ウィラはベッドの上でボーッとしています。この寝室のセットがまたよくできているんです。屋根裏部屋なんですが、あの『カリガリ博士』（１９１９年）に出てきた屋根裏部屋そっくりです。つまりドイツ表現主義ですね。

さらに、この三角形に尖った部屋は教会の礼拝堂みたいなん

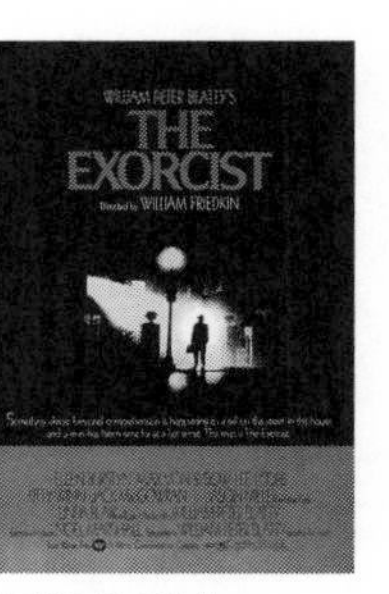

『エクソシスト』
（1973年）

です。そこでニセ牧師ハリーが天を仰いでいます。神から「その罪深き女を殺せ！」という指令を受けたらしいハリーは「……わかりました、神様！」と言いながらウィラの喉元にナイフを突き立てます。彼女は抵抗しないどころか、うっすらと微笑みを浮かべています。神の裁きを受ける悦びを感じています。宗教的なエクスタシー、「法悦」状態というやつですね。

このシーンはブライアン・デ・パルマ監督の『キャリー』（1976年）ともつながってきます。超能力少女キャリーの母は狂信的キリスト教徒で、夫とのセックスを拒んできたのに、一度だけ犯されてキャリーを孕んだので、キャリーを虐待してるんですが、最後に「本当は、あのセックス、楽しかったわ。私は罪人です！」って告白して、キャリーが超能力で飛ばしたナイフでキリストみたいに磔にされて、笑顔で死ぬんです。ここでもナイフとペニスが重ねられています。

シェリー・ウィンタースの水難

ニセ牧師は自分の自動車にウィラの死体を乗せて、近くの川に捨てます。その後、釣りをしていた爺さんが川の中を覗き込むと、喉をパックリと切り裂かれたウィラの死体が水草のように揺れているのが見えます。映画史に残る美しくもおぞましいシーンですね。ジョン・フランケンハイマー監督の『殺し屋ハリー／華麗なる挑戦』（1974年）とか、デヴィッド・フィンチャー監督の『ゴーン・ガール』（2014年）とか、いろいろな映画にこれに影響されたシーンがあります。

シェリー・ウィンタースはこの前に、ジョージ・スティーヴンス監督の傑作『陽のあたる場所』（1951年）でも水に沈められてました。非常に頭も良くて美しいけれど貧乏な青年が金持ちのお嬢さんと結婚したいのに、シェリー・ウィンタース扮する貧乏な女工さんを妊娠させてしまって、彼女をボートから突き落として殺そうとするという話です。シェリー・ウィンタースはこんな役ばかりですね。

『狩人の夜』の水中の死体シーンは水タンクの中で撮影したんですが、シェリー・ウィンタースはスタントマンを使わないで死体を演じてるんですよ。すごく長く息を止めることができるから。彼女は『ポセイドン・アドベンチャー』（1972年）でも、みんなを救うために転覆した船の中で水に潜って反対側に出る役をスタントなしで演じています。

『トムとジェリー』

母親を殺したハリーは、いよいよジョンとパールに迫ります。「お金はどこかな？」と言いながら。童話『3匹の子豚』で、狼が「お母さんですよ」と優しい声を出して近づくみたいに。

で、子どもたちとの追いかけっこになるんですけど、この演出は『トムとジェリー』とか

『ワイリー・コヨーテとロードランナー』とかのアニメのような演出になっています。『ホーム・アローン』（1990年）にも似てますね。『ホーム・アローン』はマコーレー・カルキン君演じる少年が、たった1人で強盗コンビ（ジョー・ペシとダニエル・スターン）を撃退するコメディでした。ハリーは子どもたちにやられて「イテテテテテッ！」と笑えるリアクションをします。

ジョンとパールは、川に浮かんでいるボートに乗り込んで逃げます。子どもたちに逃げられたハリーは「うわーん！」って、おもちゃを取り上げられた子どもみたいな叫び声をあげます。原作者はこれを見て「これはちょっと笑っちゃうんですけど。いいの？」と監督に言ったんですが、監督は「いいんだ」と答えたそうです。この映画、ホラーとコメディが混在してるんですが、それは後にスティーヴン・スピルバーグやポール・ヴァーホーヴェンによって普通になりましたね。

2つの世界の境界線

ジョンとパールを乗せた小舟は夜の川を下っていきます。この川下りは美しくて幻想的で芸術的で、映画史に残る名シーンです。夜空を見上げると、こぼれるような満天の星。その月の光と星の光を受けた川面がキラキラキラキラキラ美しく輝いて、その上をゆっくりとゆっくりと舟が下っていく。

川辺にはいろんな生き物がいます。蜘蛛の巣があって、蜘蛛の糸に夜露が付いて光っています。ガマガエルがいます。ウサギがいます。フクロウが鳴いています。なぜかゾウガメもいます。いろんな生物が、大自然が、悪魔のような男から逃げてきた子どもたちを守っているんです。

このシーンは例のイザヤ書11章ですね。「狼も子羊も豹も子ヤギも、ライオンも子牛も牛も熊も、みんな仲良く干し草を食べて、子どもは毒蛇の穴に入っても噛まれない」と聖書に書いてあります。神様が作った自然の中では、幼い子どもは守られる。リリアン・ギッシュが最初に語った「山上の垂訓」の中にある「心の純粋な者は神に会える」ということでもあります。

ハリーはジョンとパールが乗った小舟をしつこく追いかけてきますが、なぜか川には近づけません。遠くから並走するしかないんです。つまり川の周りは汚れなき自然であって、悪魔であるハリーを寄せ付けないんですよ。

このへんはマーク・トゥエインの小説『ハックルベリー・フィンの冒険』の影響かもしれません。ハックルベリーが黒人奴隷を救って、イカダで川下りをして逃げる話です。そこでは川は聖なる場所で、子どもとか差別されてる者が唯一自由でいられる場所なんです。

川は、三途の川とか彼岸というように、「この世とあの世の境界線」として世界各地の神話や民話に出てきます。まだ人間の業に完全に染まってないジョンとパールが、あの世とこの世の境界線をずっと下りていくわけです。

ジョンとパールは川辺に舟を寄せて、牧場の家畜小屋で寝ようとします。するとその小屋から見える地平線に、ハリーが馬に乗って近づいてくるシルエットが見えます。彼の歌声が静かな夜空に響きます。「主の御手に頼る日は」という例の歌です。このシーンはすごいですよ。手前のジョンと遠くのハリーを一つのセットで撮影しているんです。遥か彼方の地平線といっても、実際はセットだから奥行きがないんです。遠くに小さく見えるハリーはロバート・ミッチャムではなくて、実際は小人症の人をポニーに乗せることで遠近感を強調しているんです。

これを撮影したのはスタンリー・コルテス。オーソン・ウェルズ監督の『偉大なるアンバーソン家の人々』（1942年）の撮影監督です。オーソン・ウェルズは『市民ケーン』（1941年）で知られるように、手前のものとずっと遠くにあるものの両方にピントを合わせて（パンフォーカスといいます）同一画面に収める、奥行きのある構図を得意とする人です。『狩人の夜』ではこうした奥行きある画面やドイツ表現主義のテクニックなど、ありとあらゆる映画技法が使われているんです。

怪奇俳優チャールズ・ロートン

監督のチャールズ・ロートンはもともとイギリス出身のシェイクスピア俳優ですが、彼はアメリカに来て、いろんな映画に出演しました。顔がすごく怖いので、悪役が多いです。たとえば『獣人島』（1932年）。H・G・ウェルズの小説『モロー博士の島』の映画化です。豹とかライオンとかの動物を人間に改造してるマッド・サイエンティストのモロー博士をチャールズ・ロートンが演じています。それに『ノートルダムのせむし男』（1939年）でせむし男のカジモドを演じてます。

しかも、奥さんのエルザ・ランチェスターは『フランケンシュタインの花嫁』（1935年）で、怪物の花嫁を演じています。つまりモロー博士とフランケンシュタインの花嫁が夫婦だったんですよ。しかも、エルザ・ランチェスターは旦那が死んだ後、自伝に「チャールズ・ロートンはホモだった。私たちは一度もセックスしなかった」と書いているんですが、その彼がセックスできない殺人牧師の映画『狩人の夜』を映画化したのは興味深いですね。

子どもが世界を変える

ジョンとパールが眠っているうちにボートは岸辺にたどり着きます。2人は冒頭に出てきたあのリリアン・ギッシュ扮するレイチェルというおばあちゃんに引き取られます。彼女は、身寄りのない子どもたちを集めて、その子たちにご飯を食べさせています。その頃は大恐慌時代で家族をなくした子どもが多かったんです。株価が大暴落して、失業者があふれて、多くの子どもたちが親に捨てられました。それは『シービスケット』（2003年）とか、様々な映画で描かれています。

レイチェルおばあちゃんが育てているのは女の子ばかりです。男の子は農家でも働き手になりますが、女の子は引き取り手があまりいなかった時代です。レイチェルは、身寄りのない女の子たちに「1人でも生きていける強い女になるのよ」と言います。

彼女はその子たちに聖書の話を聞かせます。旧約聖書のモーゼの話です。エジプトでユダヤ人が奴隷にされていた頃、将来、奴隷の反乱の指導者になる子どもが生まれてくるという予言を聞かされたエジプト王が赤ん坊を全部殺すんですが、1人のお母さんが赤ん坊を殺されないように川に流して、それがユダヤの民の指導者モーゼに成長します。

キリストもそうですね。ユダヤのヘロデ王が、将来、王様になる男が生まれたという予言を聞いて、赤ん坊を皆殺しにしようとします。それでヨセフとマリアはエジプトに逃げて家畜小屋でキリストを産む。

レイチェルおばあちゃんがそう話すと、ジョンは「それって僕みたいだ」と言うんです。

これはキリスト教云々じゃなくて、世界中に似たような話がありますね。「子どもが世界を変える」ってことですよ。

善悪の分かれ目

レイチェルが育てている女の子のうち、ルビーっていう子はもう思春期で、ちょっと色気付いていて、街に買い出しに行ったりすると街の不良少年たちに声をかけられて、フラフラついていったりするような年ごろなんです。そこにハリーが女たらしモードで現れて、ルビーに声をかけて、アイスクリームをおごって、ジョンとパールがいることを聞き出しちゃうんです。

で、ハリーがレイチェルを訪ねると、このおばあちゃん、ガッシャーン！　ってショットガンを構えるんですよ。すると、それまでナイフを振るって脅してたハリーが「やめて！　撃たないで！」ってビビっちゃうんです。

これは『マッドマックス』（1979年）の元ネタですよ。平気で人を殺す暴走族が、おばあちゃんがショットガンを構えた途端、「やめて！　撃たないで！」ってビビリまくるでしょ。

あの演出は唐突でしたが、『狩人の夜』のオマージュなんですよ。

そこから先は持久戦になります。ハリーはレイチェルの家の前でずーっと待ち続けます。ばあちゃんの方が疲れて眠ったら、子どもをさらえばいいんだと思って、「主の御手に、頼る日は♪」って歌い続ける。おばあちゃんも寝ないで頑張って、ショットガンを持って見張りながら、「主の御手に♪」をデュエットするんです。2人とも自分こそが神に忠実なんだと信じている。じゃあ、善悪の分かれ目はいったいどこにあるのか？　考えさせられます。

ここにフクロウとウサギのショットが入ります。さっきの川のところではフクロウもウサギも平和に共存していましたが、ここではフクロウがウサギを襲って食っちゃうんですね。ここは聖なる川じゃなくて、人間の世界だから。それを見たレイチェルは「ここは弱肉強食。子どもたちには厳しいわ」と言います。「だから守らなきゃ！」ということです。リリアン・ギッシュは『イントレランス』で人類という子どもを守る母なる神を演じていましたが、『狩人の夜』でもそうなんです。

血に飢えた群衆

この戦いは、警察が来てハリーを捕まえてあっさり終わります。「最初から警察を呼べよ！」と思うんですけど。

警察がハリーを取り押さえるシーンは、冒頭でジョンの父を警察が取り押さえるシーンと同じように撮られています。ジョンは思わず「おまわりさん、やめて！」と叫びます。「このおじさんはお金が欲しいだけなの！」と言って、人形を引き裂いて、お金をばらまいて「お金ならあげるよ！」と言います。

これも冒頭の「山上の垂訓」に戻ってきます。「ソロモン王の栄光も、野に咲く百合の花の美しさにはとても及ばない」。「ソロモン王の栄光」とは、お金とか権力です。ハリーはお金のために人を殺してきたけども、ジョンは「こんなもののために人を殺すの？」と、お金をばらまくわけです。

ハリーは裁判にかけられて、ジョンは証言台に立ちます。本当のことを言えばハリーを死刑にできるけど、自分のお父さんが死刑になったジョンは証言を拒否します。これも「山上の垂訓」の「人は人を裁いていけない」です。

でも、群衆、大衆はハリーを許しません。彼らは暴徒になってハリーを拘置所から引きずり出して、リンチしようとします。

「殺せ、殺せ！」

血に飢えた群衆は叫びます。その中には、お母さんが働いていたアイスクリーム屋さんの気のいいおじさんやおばさんもいるんですよ。善男善女が「殺せ！　殺せ！」と熱狂している。連続殺人鬼よりも普通の人たちの方がホラーです。だって、誰でもいつリンチのターゲットにされるかわからないから。

この結末は、フリッツ・ラング監督がドイツで撮った『M』（1931年）が原形だと思うんです。『M』は「Murderer（人殺し）」の頭文字です。ドイツのデュッセルドルフで60人以上殺したといわれるペーター・キュルテンがモデルで、ピーター・ローレという、目の大きな、おどおどした俳優が……幼女を見ると犯して殺す衝動を抑えられない変質者なんです。最初は彼についての映画に見えるんですが、最後に、彼を捕まえた遺族や義憤に燃えた人たちが彼をリンチしようと人民裁判にかけるんです。

この『M』公開後、ドイツではナチが政権を握り、「ユダヤ人は我々に対する陰謀をめぐらせている！」というプロパガンダをして、ドイツの善男善女が、ユダヤ人狩りをしました。でも、これはドイツだけの話ではありません。『M』を撮ったフリッツ・ラングは、ナチが嫌でアメリカに亡命して、ハリウッドで『激怒』（1936年）という映画を撮ります。これが、アメリカを舞台にしたリンチ殺人の話なんです。

リンチで殺されそうになった男は幸運にも生き延びますが、彼はそのまま自分が死んだことにして、自分をリンチした人たちが自分を殺した罪で裁かれるように仕組んで復讐する話です。ややこしいですね。

群衆が人を裁くリンチも悪いけど、リンチした人たちを法律で裁くのも大差ないのでは？という複雑な疑問を突きつけます。

『狩人の夜』も同じ問いかけをします。ニセ牧師ハリーは神の裁きを勝手に代行して人を殺していたけど、そのハリーを裁く法律も、リンチする人々も似たようなものじゃないの？と。

リンチに熱狂する群衆を尻目に、レイチェルおばあちゃんは子どもたちを率いて去っていきます。その時、彼らが縦一列で歩く姿を横から撮ったショットがノーマン・ロックウェルの絵みたいで、不思議なユーモアがあります。

子どもたちを救いたまえ

やがてクリスマスがやってきます。ここではわざとスノーボールの中みたいな雪を降らせています。レイチェルと子どもたちがプレゼントを交換して、ジョンがもらうのは時計です。原作ではジョンが「この時計があれば、僕は暗闇なんか怖くないよ」と言います。この時計は人間の理性の象徴です。理性があれば心の闇にも立ち向かえるよと。すると、レイチェルは冒頭と同じように、観客に向かって話し始めるんです。「神様、子どもたちを救いたまえ」と。「でも、子どもたちは大丈夫よ。世の中はひどいところだけれども、きっと耐えて戦って生きていくわ」。そう言ってにっこり微笑んで映画は終わります。最初と最後だけ観ると子ども向けのおとぎ話です。

ここで、生き延びると言われているのは、子どもそれ自体ではありません。子どもは誰でも大人になるからです。生き延びるべきは子どもの純粋な心です。たとえ大人になっても、心の闇と戦う強さがあれば、ソロモン王の財宝にも目がくらまない、人を裁かない、純粋さを保つことができるだろう、と。

その意味で『狩人の夜』は思想的にJ・D・サリンジャーの小説『キャッチャー・イン・ザ・ライ』やスティーブン・スピルバーグの作品に近い映画です。

以上のように『狩人の夜』には数え切れない宝が詰まっています。興行成績というソロモン王の財宝のために、ロートン監督が二作目を撮れなかったことが残念でなりません。

おわりに

「映画は楽しくなくちゃ」、そう言う人もいます。

でも、それではなぜ、人はホラー映画を観るのでしょう？　それに、なぜお金を払ってジェットコースターに乗ったり、お化け屋敷やバンジージャンプに行くのでしょう？

怖がりたい欲望、死に近づく欲望、嫌な思いをしたい欲望があるからです（自分が安全な状態で）。崖っぷちで、人がわざわざ崖ギリギリまで近づこうとするように。

人が暗闇を恐れるのは、そこに自分の命を脅かす存在が隠れているのでは、と想像するからでしょう。スティーヴン・キングはホラー評論『死の舞踏：恐怖についての10章』の中で、「恐怖とは秩序や日常が崩壊する感覚だ」と言っています。人は日常の足元に落とし穴があることを忘れがちです。だから、時々それをチラッと覗く。で、自分の幸運を実感する。恐怖した後に人が思わず笑うのは、そのせいかもしれません。

ホラー映画とは最悪の状況のシミュレーションです。人は「もし、こんなことがあったら嫌だな」と想像します。人間性の最悪の部分ばかり考えます。それは怖がりの癖です。誰よりも怖がりのスティーヴン・キングは、怖い話を誰よりも創造しました。常に最悪を想定するのは、生存のための知恵です。だから皆さんも、もっと怖い映画を観ようじゃないですか。

根気強く原稿を待ってくれたスモール出版の三浦修一さんに感謝します。

町山智浩（まちやま・ともひろ）

1962年生まれ。映画評論家。1995年に雑誌『映画秘宝』を創刊した後、渡米。現在はカリフォルニア州バークレーに在住。近著に『映画には「動機」がある「最前線の映画」を読む Vol.2』（集英社インターナショナル）、『最も危険なアメリカ映画』（集英社文庫）、『町山智浩の「アメリカ流れ者」』（スモール出版）などがある。

町山智浩のシネマトーク
怖い映画

発行日 2020年6月9日 初版第1刷発行
2020年6月25日 初版第2刷発行

著者 町山智浩

編集・構成 三浦修一（スモールライト）
装丁 木庭貴信＋角倉織音（オクターヴ）
校正 会田次子
制作協力 みやーんZZ
発行者 中村孝司
発行所 スモール出版
〒164-0003
東京都中野区東中野3-14-1 グリーンビル4階
株式会社スモールライト
電話 03-5338-2360
FAX 03-5338-2361
e-mail books@small-light.com
URL http://www.small-light.com/books/
振替 00120-3-392156
印刷・製本 中央精版印刷株式会社

Printed in Japan
ISBN978-4-905158-77-6